私募股权神话

[美] 杰弗里 C. 胡克（Jeffrey C. Hooke） 著

张 鹤 译

THE MYTH
OF PRIVATE EQUITY

An Inside Look at
Wall Street's Transformative Investments

中国科学技术出版社

·北 京·

图书在版编目（CIP）数据

私募股权神话 /（美）杰弗里 C. 胡克
（Jeffrey C. Hooke）著；张鹤译 . — 北京：中国科学
技术出版社，2024.6
书名原文：The myth of private equity : an
inside look at Wall Street's transformative
investments

ISBN 978-7-5236-0681-0

Ⅰ . ①私… Ⅱ . ①杰… ②张… Ⅲ . ①股权—投资基
金 Ⅳ . ① F830.59

中国国家版本馆 CIP 数据核字（2024）第 103235 号

策划编辑	李清云	责任编辑	贾　佳
封面设计	仙境设计	版式设计	蚂蚁设计
责任校对	焦　宁	责任印制	李晓霖

出　　版	中国科学技术出版社
发　　行	中国科学技术出版社有限公司
地　　址	北京市海淀区中关村南大街 16 号
邮　　编	100081
发行电话	010-62173865
传　　真	010-62173081
网　　址	http://www.cspbooks.com.cn

开　　本	880mm×1230mm　1/32
字　　数	160 千字
印　　张	9.5
版　　次	2024 年 6 月第 1 版
印　　次	2024 年 6 月第 1 次印刷
印　　刷	北京盛通印刷股份有限公司
书　　号	ISBN 978-7-5236-0681-0/F・1263
定　　价	79.00 元

神话：广为接受却并不正确的信仰或想法。

——《牛津英语词典》（*Oxford English Dictionary*）

变革性：对某个事物造成巨大的改变，通常会在某种程度上使之变得更好。

——《剑桥美国英语词典》（*Cambridge Dictionary of American English*）

金融并非投机，尽管投机在不沦为赌博的情况下，在经济事物体系中确有合理且合法的一席之地。金融尤其不等同于从公众身上揩油或寄生于国家工商业之上。

——奥托·卡恩（Otto Kahn），《高级金融》（*High Finance*）（1915）

CONTENTS

目 录

第一章

浮生一日

这是巴尔的摩（Baltimore）一个周二的上午，阳光灿烂（图 1-1）。微风轻拂，装点办公楼的彩旗轻轻飘荡。通勤的人流沿着市区拥挤的街道涌入市中心。巴尔的摩有一座用大理石雕成的战争纪念碑，纪念战争中牺牲的将士。围绕着这座纪念碑建有一个环岛。一位年轻的白人女性窘迫地走在环岛旁排队等待红灯的车流之间。她衣冠不整，身着一件破旧的军服上衣，一头金发脏成一绺一绺的，向司机乞求零钱。她粗糙而饱经风霜的双手举着一块临时拼凑起来的硬纸板牌子，上面写着"退伍老兵，混口饭吃"。

图 1-1 巴尔的摩一隅

就在一个街区之外，在巴尔的摩街与卡尔弗特街的交会处，屹立着太阳信托银行大厦（SunTrust Tower）。这是一座气派的办公楼，许多公司和政府机构在此办公。其中，第14层是马里兰州养老基金的总部，为数十万受益人管理价值超过500亿美元的资产。

临近上午9点，马里兰州养老基金的员工穿过大厦设施完善的大理石大堂，向执勤台边的保安亮出他们的工牌。电梯前聚集了一小群人，对话简短且不失礼貌。大多数员工刚刚经受了漫长的通勤，没有心情闲聊。养老基金的员工似乎十分青睐巴尔的摩市北边一片叫作陶森（Towson）的繁华地区，许多人都住在那里。

一场理事会

大厦楼上，马里兰州财政部长南茜·柯普（Nancy Kopp）已经准备好主持马里兰州养老基金理事会的例会。她今年76岁，身材娇小，性格和善，不时露出浅笑。她穿着考究，含蓄内敛，行事低调，有别于好莱坞大片中常见的金融巨头。她富有智慧，毕业于韦尔斯利学院（Wellesley College）和芝加哥大学（University of Chicago），还修读了政治哲学专业的博士课程，通过了博士资格考试。

南茜·柯普于2002年成为马里兰州财政部长。此前，她曾连续七届（也就是28年）代表蒙哥马利县担任马里兰州众议院

议员。蒙哥马利县位于华盛顿特区近郊，十分富庶。马里兰州
总检察长布莱恩·弗罗什（Brian Frosh）曾这样评价南茜·柯普：
"她是马里兰州众议院的明星，没有人比她更懂财政预算了。[1]"
得益于这项特长，南茜·柯普被同僚们推选为财政部长，连任5
届，每届4年。

从政以来，南茜·柯普一直坚定拥护民主党。民主党凭借其
在马里兰州参众两院拥有的多数席位确保其提案不会被否决，因
而牢牢把控着马里兰州政府在政策制定上的大小事宜。批评人士
认为，南茜·柯普虽然在大多数时候用意是好的，但在位多年
后，如今的她对工作虚与委蛇，只要民主党官员不闹出乱子，她
都会顺着他们的心意。

担任州财政部长的18年间，南茜·柯普见证了马里兰州养
老基金的急速扩张。在此期间，养老基金的成员规模从32万
人激增至逾40.5万人，资产数额从270亿美元飙升至540亿
美元。

对马里兰州的退休人员来说，这只基金好似一只巨型存钱
罐。在职员工每月按比例缴纳一部分工资投入基金，纳税人每年
还会投入数十亿美元作为补充。除此之外，基金投资产生收益。
三种来源的资金汇聚成资金池，从中给付退休金（图1-2）。人
们以为州政府可以确保养老金足额发放，但实际上这并非板上钉
钉的事。因此，合理的基金管理至关重要。

然而，过去20年间，养老金的安全性下降了，养老基金提

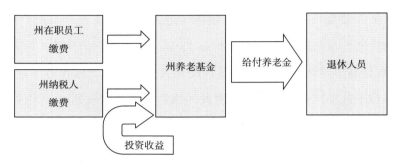

图 1-2　马里兰州退休制度——现金流图示

存比例[1] 由南茜·柯普任期伊始的 95% 降至 2020 年的 72%，表明存在一个 200 亿美元的缺口。这个缺口势必要补上，要么通过提高税收，增加职工缴费金额、降低职工福利，要么通过实现更高的投资收益。200 亿美元的赤字已经超过马里兰州常规债务的数倍。因此，养老基金的运行状况可谓是马里兰州在职员工及退休人员的一项重大关切。

南茜·柯普身旁坐着马里兰州主计长（State Comptroller）兼马里兰州养老基金理事会副理事长彼得·弗朗肖（Peter Franchot）。72 岁的他，身高约 6 英尺[2]，体格健壮，金发斑白。他相貌英俊，爱笑，显得十分阳光。2016 年，彼得·弗朗肖第 4 次当选这一相当于马里兰州首席财务官的职位。他以可靠、沉稳、专业的政治

---

[1]　也称养老金投资比例，是一种对养老基金中资产价值与负债现值间关系的度量，计算方法为用资产价值除以负债现值。——译者注

[2]　1 英尺等于 30.48 厘米。——译者注

家形象示人，彬彬有礼、风度翩翩，总是穿着蓝色西装，搭配红色领带。

彼得·弗朗肖虽然任职于金融相关的岗位，却并未接受过正规的金融训练。终其一生，他都是民主党官员。他毕业于美国东北大学法学院，在华盛顿特区任国会职员。40岁时，彼得·弗朗肖当选兼职议员，在马里兰州议会中代表塔科马公园（Takoma Park）。塔科马公园是一个坚定拥护自由主义而稍显古怪的城镇，标榜自己是马里兰州唯一的"无核区"。彼得·弗朗肖连任了5届（也就是20年）兼职议员，同时还向与地方政府有业务往来的贸易公司提供商业咨询。他的前任，威廉·唐纳德·谢弗（William Donald Schaefer）和路易斯·戈尔茨坦（Louis Goldstein）同样是经验丰富的民主党政治家，拥有法学学位以及聊胜于无的金融背景。

许多知情人士认为彼得·弗朗肖是一个彻头彻尾的政客，在考虑政策决定时只注重自己的政治前途。"如果弗朗肖做出的决策确有价值，那一定是巧合。"一名民主党官员如是说[2]。不论是维持现状，还是效仿更出名的州所实行的养老基金运作策略，都是事先定好的决策，无须让下属专门研究马里兰州养老基金的运行情况。

彼得·弗朗肖做出的基金投资决策会影响数十万的马里兰州居民以及数亿美元的税收，然而在理事会上，他表现得十分漠然。他基本不发言。本应花在研读海量金融数据上的时间都浪费在了如政治活动一般的集会上。彼得·弗朗肖在马里兰州诸如萨德勒斯维尔（Sudlersville）（人口数仅为 497 人）的小镇举行集会。在这种地方，他的出现可能登上当地报纸头条。在半是追星心态的听众前，他发表政治演说、发放"弗朗肖币"，以此扩大自己的选民基础，提升自己的知名度。"弗朗肖币"是一种圆形的金属奖章型竞选道具。通过这种道具，当地居民便与州主计长办公室建立了有形的货币联系。然而，许多选民并不完全了解这一点。

彼得·弗朗肖的竞选活动捐款人主要包括各类酒商、政府承包商以及房地产开发商。其中不少都从事着州主计长办公室应当监管的行业。尽管彼得·弗朗肖对马里兰州养老基金颇具影响力，金融企业和金融高管并非其主要捐款人。这或许反映了联邦法规对早年间的"付费参与模式"（即基金经理向州政治活动捐款以获取州养老基金的业务）的限制。彼得·弗朗肖无法从基金经理那里获取活动经费，这或许可以解释为何他对州养老基金的投资策略漠不关心。

和彼得·弗朗肖一样，马里兰州的许多政客都认为州养老基金虽然规模巨大并且在财政方面十分重要，却是一项对绝大多数选民来说都难以理解的议题。要推行改革，就要做出巨大的努力，对同僚、新闻记者以及选民进行科普、说服他们。那么，何必费这个劲呢？最终，政界人士达成一致——反正选民不会对改革者大加赞扬。更何况，对养老基金做出改变，"引发震动"，可能会触怒华尔街，而华尔街已经向州养老基金收取了数十亿美元的费用。对寻求升迁的政客来说，华尔街是竞选捐赠的一大来源。许多政客都已经意识到，与华尔街为敌是徒劳的。

针对州养老基金投资情况的立法听证琐碎而敷衍。基金的年度业绩回顾主要是由财政部长和基金的投资主管一起对上一财年的基金总收益情况做出总结。两人一上来就滔滔不绝地抛出各种毫无必要的金融术语，外行人即便受过教育也基本听不懂。末了，两人都声称上一年度州养老基金达到了内部业绩比较基准，而且，从根本上讲，议会没什么好担心的，对其毫无起色的投资表现，两人只字不提。多年来，马里兰州养老基金的投资回报水平一直徘徊在同类基金中末位的 10%，此外，该基金（以及所有州立养老基金）都没能跑赢由先锋领航集团（Vanguard Group）那样低费率基金管理公司运营的简单、被动式管理的混合型共同基金。整场听证会中，议员们鲜少甚至完全不针对州养老基金提出问题。很快，议题就回到重要性更低的财政事项上去了，比如为建造一座地方消防站发行 98 万美元的债券。

前面提到的混合型共同基金指的是先锋平衡指数基金（Vanguard Balanced Index Fund）。该基金参照一项常用的业绩比较基准进行资产配置，即 60% 的美国股票指数以及 40% 的美国国债指数。这种配置是一种常用、独立且客观的业绩比较工具，养老基金之类的机构经常用它评判自己的投资表现。若某年的投资收益高于 60/40 指数（图 1-3），则为成功。许多共同基金通过复制该指数、对其进行被动式管理并收取低廉的营运费用吸引客户。

议会在大方向上对州养老基金的投资活动进行把关，却并没有权力直接干涉诸如"该买进哪只股票""该卖出哪只股票"这

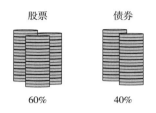

图 1-3　常用的投资业绩比较基准——60/40 指数

样的投资决策。做出投资决策的是州养老基金工作人员（即在州养老基金任职的公务员）外聘的基金管理人员，他们会对投资项目进行筛选。其间，不论是议会还是行政机关都不会插手。

　　州养老基金工作人员协调外聘基金经理的薪酬，而这些薪酬是"预算外"的。用政界的话说，"预算外"意味着这些薪酬既不会作为营运费用体现在州预算中，也无须经议会批准。州养老基金工作人员只需应对由政治任命成员和依法任职成员组成的基金理事会即可。这样的治理安排或多或少实现了州养老基金的去政治化，因为这样政客就不能轻易将州养老基金转给朋友或用于投资自己青睐的项目。然而，州养老基金表面上的独立性是以牺牲问责制为代价的。议会和行政机关在州养老基金的投资上没有太多话语权，无法插手。正因如此，他们认为就算投资损失大到成为一项竞选议题的程度，自己也没有理由承担责任。2020 年 3 月，我针对马里兰州养老基金的运行情况采访了州政府的一名成员。他认为马里兰州财政部长南茜·柯普应该对该基金不及格的表现负责，并暗示行政机关没什么干预的权力。换言之，养老基金的独立性意味着即便基金表现糟糕，在基金中任职的公务员和基金理事会成员也没什么好怕的。

几年前，议会成立了由 14 名议员组成的养老金特别联合委员会（Special Joint Committee on Pensions），其目的在于对州养老基金加强监管。现在，这个委员会已经没什么话语权了。委员会的成员大都是没什么经验的新人，其中只有州参议员安德鲁·塞拉菲尼（Andrew Serafini）拥有金融实操知识。

南茜·柯普就任马里兰州财政部长的第八年，即彼得·弗朗肖上任的第二年，灾难降临了。2008 年金融危机导致股市崩盘。马里兰州养老基金的资产大部分都是公开交易的股票和债券，其市值在 12 个月内缩水了 20%，即 80 亿美元。无资金准备的负债（unfunded liability）膨胀至 150 亿美元。为削减赤字，时任马里兰州州长、民主党人马丁·奥马利（Martin O'Malley）设法通过了一项法规，在小幅削减退休人员福利待遇的同时，适度增加了在职员工的缴费金额（图 1-4）。即便如此，养老基金管理机构也需要尽到自己的义务，做出改变。备选方案一是维持当前以公开交易的股票和债券为主的投资组合，等待经济复苏。备选方案二是把更多的钱用于复杂且更不透明、流动性更差的另类投资（alternative investments），例如私募股权投资基金和对冲基金。另类投资管理机构许下了不可能实现的承诺——投资收益高于公开交易的对应投资，风险还更低。更高的预期回报意味着需要即时向养老基金注入的现金更少，因此备选方案二对州养老基金理事会来说更具吸引力。理事们对另类投资管理机构的花式营销深信不疑。日后他们将后悔做出这一决定。

马里兰州效仿了几只有名的州养老基金的投资策略，而那几

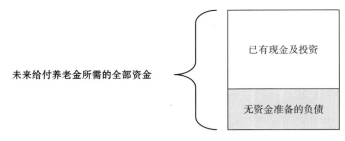

图 1-4　未来给付养老金的资金构成

只州养老基金又多多少少复制了大卫·斯文森（David Swensen）的投资方法。大卫·斯文森是耶鲁大学（图 1-5）捐赠基金传奇般的投资主管。1985 年，他离开华尔街到耶鲁任职，说服耶鲁大学捐赠基金放弃传统的以股票和债券为主的投资组合，转而进行另类投资。接下来的二十年间，该投资策略表现极佳。然而，其他机构的基金管理人员发现大卫·斯文森的成功难以复制。对于这一点，大卫·斯文森本人以及无数商界同僚都十分干脆地承认了。

图 1-5　耶鲁大学一角

不出几年，马里兰州养老基金将数十亿美元都用于这样的另类投资。其所谓的投资回报，至少从纸面上看，要比传统投资高一些[3]。然而，马里兰州养老基金的投资收益依旧比全美平均水平低一大截，无资金准备的负债居高不下[4]。

尽管表现喜忧参半，马里兰州养老基金的投资新政还是向华尔街输送了大笔本属于退休人员的钱财，支付给外聘基金经理的费用一度上涨到了先前的5倍，在2020年达到约5亿美元。本应支付给工会退休成员的金钱转而落入了另类资产合伙人（alternative asset partners）的口袋，一些用来购买派克大街（Park Avenue）[1]的顶层豪华公寓、南安普敦（Southampton）的宅邸以及奢华的奔驰轿车，其余的则用在了前往伦敦、巴黎以及东方的奢华假期上。没有一分钱存入马里兰州退休人员的银行账户。

这就是当下的情况。州财政部长和州主计长主持理事会，其他理事会成员坐在一张大会议桌的两侧（图1-6）。会议室以实用主义风格布置，没有多少设施。参会的基金工作人员以及外部人员人数众多，会议室里拥挤不堪。在会议桌的中央，正对着马里兰州财政部长南茜·柯普的位置，坐着马里兰州养老基金投资主管安德鲁·帕尔默（Andrew Palmer）和他的几位副手。总而言之，理事会没能起到讨论交流的作用。理事会成员大都态度温和、沉默不语。整场讨论都由安德鲁·帕尔默及其团队主导。正

---

① 美国纽约市的豪华大街。——译者注

如许多大型组织里常见的那般，是员工在向理事会提供方向，而非反之。

图 1-6　理事会的会议场景

现今有十四名理事参加理事会。他们在任四年，但由于任期各异，其中约三分之一的人每年都要重新参选。五人由加入工会的马里兰州职工选出（工会代表）；六人由州长任命；三人则是因其职权性质依法担任受托人，即州财政部长、州主计长，以及州行政管理和预算秘书（图 1-7）。依照惯例，州财政部长和州主计长分别担任理事长和副理事长。州养老基金会的理事在马里兰州金融圈以及范围更广的投资圈子里都颇具威望。

州养老基金理事会人员的构成及其治理方式之所以如此设计是为了平衡各方利益。吸纳工会代表可以确保州养老基金的最终受益人——马里兰州的职工——拥有话语权。这些工会代表原本都是马里兰州的职工，在投身工会政治前从事诸如监狱看守、警

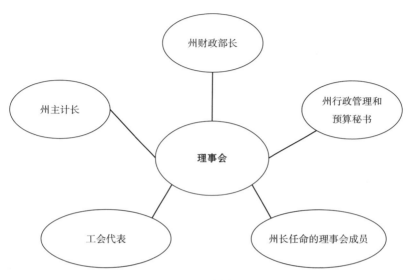

图 1-7　马里兰州养老基金理事会成员构成

察和教师这样的工作。总的来说，他们是聪慧的，但没什么金融实操经验。州长任命的理事是身居高位的企业高管。他们掌握了金融知识，其中一些还是州长的竞选支持者。例如，理事会成员埃里克·波特曼（Eric Brotman）就向州长霍根（Hogan）的就职典礼委员会（Inaugural Committee）捐赠了 1 000 美元。州长任命的理事会成员代表的是行政机关的政策观点。而因职权性质依法成为理事会成员的理事代表的利益方各不相同。州财政部长是议会选举产生的，州主计长是公民投票选出的，州行政管理和预算秘书则是由州长任命的。如前所述，州财政部长和州主计长虽然任职于金融相关的岗位，却并非出身正统金融专业。州养老基金理事会是一个由各路人士组成的自治体，其做出的投资决策以及基金管理预算（management budgets）不会受到公开的立法干预。

有三名公众顾问（public advisors）无偿协助理事会进行决策。他们任期三年，遴选标准为专业投资经验的丰富程度。其中，迈克尔·巴里（Michael Barry）是乔治城大学捐赠基金（Georgetown University Endowment）的投资主管（chief investment officer），该基金在上一个财年股市上涨[5]的情况下仍遭受了1%的轻微损失。斯蒂芬·基索里斯（Stephen Kitsoulis）负责霍华德·休斯医学研究所（Howard Hughes Medical Institute）230亿美元的投资组合的投资管理。蒙特·塔巴斯（Monte Tarbox）是140亿美元的国际电工兄弟会退休基金（International Brotherhood of Electrical Workers Retirement Fund）的投资主管。公众顾问几乎不会批评质疑，他们总是附和基金员工给出的建议。大型机构总是倾向于相互借鉴、因循既往。这样的惯例不禁令人想到一句老话："在华尔街，随大流总没错（The middle of the herd is a nice, safe place to be on Wall Street）。"

在理事会上，代表工会的理事会成员和因职权性质而依法任职的理事会成员很少发言。2018年2月，一位工会官员跟我解释说，之所以会这样是因为"他们缺乏金融专业知识，怕尴尬，于是就不想提出听起来很蠢的问题"。话虽如此，理事会成员的金融专业知识储备不足并非导致理事会被州养老基金工作人员主导这一局面的唯一原因。州长任命的理事会成员大致掌握金融知识，有能力向基金工作人员提出有见地的问题。然而，他们中除了埃里克·波特曼和琳达·赫尔曼（Linda Herman）外很少领导讨论，而是一直保持沉默。埃里克·波特曼在巴尔的摩郊区从事财务计划工作。琳达·赫尔曼则是蒙哥马利县（Montgomery County）20亿美元的养老基金的投资主管。蒙哥马利县坐落在华盛顿特区郊外，是一片富庶的区域。

马里兰州养老基金理事会是否花费了足够多的时间履职有待商榷。从长期低迷的投资回报到高昂的外部资产管理费，理事会成员都没多过问。州养老基金工作人员的提案只经过最低限度的讨论便得以通过，业已形成的有关机构投资组合运营方式的论调鲜少遭到质疑。在理事会成员看来，质疑诸如"大卫·斯文森的耶鲁模式是否真的可行"这样的既有观念将"引发震动"，是没有好处的，尽管这样的做法对公众有利。

外界的质疑以及偶尔见报的负面新闻不会对理事会的做法产生任何影响，因为从很久以前开始，他们就已经脸皮厚到对批评油盐不进了。理事会成员恰似被动、有名无实的傀儡，对基金工作人员言听计从。怠惰即其道也。

马里兰州养老基金理事会对200亿美元的无资金准备的养老金缺口漠不关心。这并不令人意外。削减退休职工福利待遇的情况并不鲜见，拖延时间也是政治上的权宜之计。没有人提及底特律市以及波多黎各地区的破产及其导致的退休职工福利待遇削减。理事会成员也不知道全美最大的音乐家养老金计划之一已经采取了诸如"收回数千名音乐家已经取得的退休金以维持养老金计划运行，避免资金耗尽"这样的极端做法[6]。马里兰州养老基金理事会成员普遍的想法是，纳税人会源源不断地缴纳血汗钱，填补当前的资金缺口。

本次理事会还有一项议程，即通过决议，将 1 亿美元投入规模为 120 亿美元的绿色股权投资者Ⅷ期杠杆收购（LBO）基金[7]。议程中没有提及杠杆收购的特质及其对就业的不利影响，没有提及马里兰州养老基金在 2019 自然年的投资回报比同类基金的平均水平低 3%、比作为基金业绩比较基准的 60/40 指数低 5%，也没有提及过去 10 年间，马里兰州养老基金的投资回报水平徘徊在同类基金中末位的 10%，相当于给马里兰州造成了 40 亿美元的收入损失。会议议程没有提及该损失使得马里兰州养老基金无资金准备的负债增加，从而限制了马里兰州职工福利待遇的提升[8]。

十年间，养老基金大量投资私募股权投资基金，向华尔街的基金管理机构支付了高昂的费用。基金管理机构承诺通过投资优质标的取得更高的回报，却没能实现。独立学术调研显示，从 2006 年起，私募股权投资基金的表现就不如与其相关的公开指数，可这一事实轻易就被华尔街用效率奇高的营销手段遮掩住了。不幸的是，支付给华尔街基金管理机构的确切费用金额永远无从知晓，因为州养老基金理事会从未要求实行全面核算。好在，通过比较少数同类基金公开的数据，我们可以合理推断上个财年支付给私募股权投资基金（PE）的费用金额为 3 亿美元。没有人想过这笔钱是否更应该用在帮助穷人身上，比如本章开头提到的那个无家可归的退伍老兵。理事会议程众多，其中并未显示马里兰州同其他某些州一样通过立法对私募股权投资基金的收费安排作保密处理。私募股权行业的影响力之广，竟令美国政府会计准则委员会（Government Accounting Standards Board，GASB）允许各州在核算上忽略绝大部分支付给私募股权投资基金的费用。就连政府会计准则委员会的兄弟机构——美国财务会计准则委员会（Financial Accounting Standards Board，FASB）——都通过了一项不同寻常的规定，允许州立基金将其难以售出的私募股权投资视同公开交易的（例如亚马逊和埃克森石油公司的股票）来定价。没人提到沃伦·巴菲特其实推荐机构投资者配置低费率的指数基金。他曾说："过去10年，不合理的投资建议造成的损失达1 000亿美元。[9]"

理事会成员中，没有人质疑马里兰州养老基金基于先前成立的绿色股权投资者Ⅶ期杠杆收购基金的过往业绩来评估本次投资Ⅷ期杠杆收购基金的可行性是否合理。不仅如此，马里兰州养老基金及其投资顾问都不曾独立对Ⅶ期杠杆收购基金披露的业绩进行核实。Ⅶ期杠杆收购基金披露的业绩完全基于其既有收购的未来销售金额计算。自2016年成立以来，Ⅶ期杠杆收购基金在收购上已经花费了70亿美元，然而却未曾出售一项资产。新成立的Ⅷ期杠杆收购基金要求马里兰州养老基金在10年内"不得赎回"，而10年的时间比一位杰出运动员的合约期限还要长得多。除此之外，马里兰州养老基金还需要支付至少1 500万美元的费用，相当于马里兰州美元债务的整整15%[10]。不论Ⅷ期杠杆收购基金是否盈利，这1 500万美元都不会退还。类似地，马里兰州养老基金的投资顾问推荐私募股权投资基金得到的报酬都要比推荐低费率的指数基金更高。自然，今天这场理事会的议程中同样未提及这般失之偏颇的激励制度。

　　正是基于这般散碎的信息，马里兰州养老基金理事会同意将1亿美元投入绿色股权投资者Ⅷ期杠杆收购基金。

第二章

私募股权行业

1983 年 5 月 20 日是华尔街历史上极为重要的一天。就在距今将近 40 年的那一天 ①，成立于 1895 年的第三大贺卡制造商吉布森公司（Gibson Greetings）以每股 25.25 美元的价格完成了首次公开发行（initial public offering，IPO）。这是当月完成的数起 IPO 之一，吉布森公司的估值为 2.9 亿美元。然而，这起 IPO 非比寻常——得益于促成 IPO 的人取得的巨额收益、其本质上属于无头期贷款的融资方式以及极短的持有期，它成了第一起引发媒体广泛关注的杠杆收购。

仅仅 16 个月前，以美国前财政部长威廉·西蒙（William Simon）为首的一群投资者以 8 000 万美元的价格买下了吉布森公司。他们完成了一项金融创举——收购吉布森公司的 8 000 万美元中，有 7 900 万美元（约占收购价的 99%）都是借款。投资者使用的自有资金只有 100 万美元，约占收购价的 1%。此外，投资者个人并不对用来收购吉布森公司的借款进行担保，巨大的风险都由出资人承担。得益于股市的连续上涨以及这笔巨额借款，吉布森公司的上市令威廉·西蒙 33 万美元的初始投资飙升至 7 000 万美元，收益率达到了

---

① 本书英文原版成书于 2021 年。——译者注

惊人的200×①。这一系列操作充分展示了私募股权的玩法——投入很少的钱，几乎不承担风险，潜在问题都交由出资人解决。

在此之前，已有几起类似的收购。但吉布森公司上市创造的可观财富引得金融界人士议论纷纷。没过多久，一批模仿者加入了收购的队伍，原本保守的出资人为了逐利也开始掏腰包参与这样的高负债交易。收购交易的数量急速攀升，几十亿美元市值的公司如同多米诺骨牌一般纷纷落入私募股权投资基金的投资组合。吉布森公司上市仅5年后，于1988年12月，杠杆收购日益激烈的发展势头达到了顶峰——烟草及食品巨头雷诺兹-纳贝斯克公司（RJR Nabisco）以250亿美元（考虑通货膨胀因素，相当于现今的510亿美元）的价格被收购。雷诺兹-纳贝斯克公司是一家企业集团，旗下拥有众多知名品牌，如骆驼（香烟品牌）和奥利奥（饼干品牌）。竞价疯狂持续了6个星期，全美顶尖投行均参与其中。最终，收购者为私募股权投资机构科尔伯格-克拉维斯-罗伯茨（KKR）集团。KKR集团举债220亿美元完成了这笔交易，相当于收购价的87%（图2-1）。

雷诺兹-纳贝斯克杠杆收购案因其高昂的收购价和堪比宫斗的博弈而闻名，还催生出了一本畅销书和一部电影。雷诺兹-纳贝斯克管理层的傲慢与贪婪实属越轨，非常不妥，其窃取公司的企图昭然若揭。他们与华尔街机构希尔森-雷曼-赫顿（SLH）合

① 即200倍，后文同。——译者注

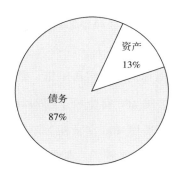

图2-1　雷诺兹-纳贝斯克杠杆收购案

作，在最初的收购方案中，提出的收购价格仅有170亿美元。这一价格比KKR集团的最终收购价低了23%，明显不合理。这般行径不禁令人对传统的公司治理模式有了新的认识。

KKR集团投入交易的30亿美元资产中，有15亿美元的现金来自其管理的一只新成立的50亿美元私募股权投资基金。对于这只基金，KKR集团仅支付了5 000万美元，即总金额的1%。媒体因此称KKR集团只花了1 500万美元[1]便控制了全世界最大的公司之一。其实，实际情况要更加惊人。对于这笔交易，KKR集团收取了超过1亿美元的各项费用。因此它"实际支付"的自有资金其实为负。

第一波收购潮不仅反映了公司的内斗，还滋养了20世纪80年代的贪婪之风[1]。20世纪80年代是美国历史上一段令人深感不安的时期，商业巨头靠倒腾资产而非研发创新产品发家致

①　20世纪80年代在美国有"贪婪十年"之称。——译者注

富、取得成功。这一风气在经典电影《华尔街》（*Wall Street*）中得到了部分展现。影片中，主人公投资大亨戈登·盖柯（Gordon Gekko）收购公司、将其资产肢解再出售、裁掉数以百计的员工。仔细研读《福布斯美国 400 富豪榜》（*Forbes* 400）便能发现这样做的好处。《福布斯美国 400 富豪榜》汇集了全美最富有的人。榜单中，金融界人士越来越多了。本章后面会提到，收购潮的出现并非无中生有，而是一系列有利条件共同作用的结果。

在着手分析种种现象之前，有必要先了解一些金融概念。本章附录收录了"传统投资""风险""指数""分散化"等概念。本章正文部分将梳理"私募股权""另类投资"，以及"机构投资者"的定义。

私募股权

私募股权行业，即本书讨论的主题，指的是从事以下两种业务之一的投资基金：

- 收购未上市公司的普通股。
- 收购上市公司并使其私有化。

如上所述，私募股权投资的公司原则上都较为成熟，早已过了初创期。而且私募股权投资基金（特别是杠杆收购基金）的投资标的往往与宽基市场指数的成分股有着十分紧密的联系。因此，最常用作私募股权投资基金业绩比较基准的便是标准普尔500 指数（以下简称"标普 500 指数"）。许多杠杆投资者会对用于比较的指数进行调整，因为杠杆收购的负债率更高、与上市公司关联性较强，潜在的风险也更高。

私募股权行业的营销重点在于强调其收益比标普 500 指数高，风险却更低。大多数投资者都是被这一未经证实的特质吸引而来的。比如马里兰州养老基金。私募股权投资基金再三强调的"高回报，低风险"论调与 65 年来的金融市场理论背道而驰，即收益越高，历史风险越高。此外，这一营销论调同样不符合常识，也不符合那句颠扑不破的至理名言——"不入虎穴，焉得虎子"。

尽管如此，投资者、行业观察人士以及商业媒体都无视了这一矛盾，甚至将新近出现的事实证据排除在外。这种局面催生了"私募股权投资基金经理拥有独门秘籍，可以不受金融规律束缚而取得超额回报"这一说法。

私募股权行业主要包括以下三个细分领域：

- 杠杆收购。
- 成长资本。
- 创业投资。

上述三个细分领域之间差异显著。在财务报告中，投资者一般会分别列示各个细分领域的情况。

杠杆收购

私募股权投资基金中，约 65% 都是杠杆收购基金。杠杆收购也是本书的重点。杠杆收购中，私募股权投资基金取得被收购公司的全部普通股。杠杆收购基金管理人员（即普通合伙人，General Partner，GP）出身华尔街。他们知道如何完成交易，却不懂普通公司如何维持日常运营。他们没有运营经验，却拥有被收购公司的控制权。因此他们任命懂得制造业或服务业公司运营的经理人，由经理人指导被收购公司的运营。

杠杆收购基金通过让被收购公司举债来筹集大部分收购款项。被收购公司通常用收益来偿还债务，有时也会用资产偿还。不管是杠杆收购基金还是基金管理机构都不会对债务担保。交易中债务的占比可以达到收购价的 70% 左右，私募股权投资基金实际支付的现金股权投资（cash equity investment）只占 30%。不过，这个比例会随着市场情况的变化以及被收购公司的实际情况波动。杠杆收购标的的债务股本比（debt-to-equity ratio）或高出与之类似的上市公司 2 倍以上。杠杆收购背后的主要思路是：加高杠杆可以提升公司的股本回报率，使其高于在举债方面更加保守的公司。除了加高杠杆，杠杆收购基金也会鼓吹其他几项据说能够提升收益的因素，例如给予管理层高于平均水平的薪酬待遇，使他们更加用心工作。不过，杠杆始终是核心。图 2-2 对杠杆收购目标公司与典型上市公司的资本结构进行了比较。

杠杆收购是善意的交易，而非好莱坞电影中描绘的那种恶意收购。杠杆收购基金管理人员需要与收购标的的管理层建立亲

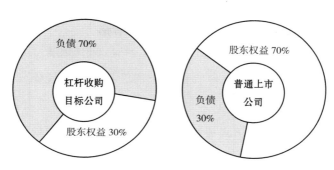

图 2-2　资本结构对比

密友善的关系，因为他们承担着运营被收购公司的重任。正因如此，基金管理人员（即在杠杆收购基金工作的个人）必须与收购标的的管理层携手合作，推进后续的收购工作。

　　为说服出资人支付收购金额的大头，杠杆收购基金会寻找具有特定特征的收购标的（图 2-3）。具体如下文所述。

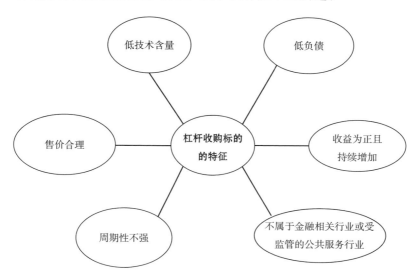

图 2-3　杠杆收购标的的特征

杠杆收购标的的特征

● 低技术含量。出资人无须担心投资标的产品遭淘汰。

● 低负债。杠杆收购基金有进一步增加投资标的负债的空间。

● 收益为正且持续增加。出资人有理由相信投资标的可用未来收益偿还借款。正因如此，业绩不佳、亟待大刀阔斧改革的公司不在杠杆收购基金的标的之列。

● 不属于金融相关行业或受监管的公共服务行业。因为政府往往会对属于这些行业的公司的杠杆率及所有者分红水平进行监管。

● 周期性不强。石油、矿产等大宗商品相关公司的赢利模式周期性过强，在行业周期底部容易引发违约。

● 售价合理。市盈率（price-earnings ratio）、市净率（price-to-book ratio）等价格相关比值较低的杠杆收购标的的投资表现往往最好。具体而言，近期表现最好的杠杆收购基金都是在 2008 年和 2009 年完成的大部分收购。那时各类公司的估值正处在行业周期底部[2]。

我在早年间与泰德·巴恩希尔（Ted Barnhill）以及后来与肯·陆（Ken Yook）合作的研究梳理了 1985 年至 2012 年公开上市公司进行的杠杆收购。研究显示，超过 90% 的公开收购都具有上述特征[3]。丹·拉斯马森（Dan Rasmussen）和勒赫（L'Her）等人所做的相关研究也分别得出了相同的结论[4]。符合上述特征的交易中，比较有名的有雷诺兹–纳贝斯克公司收购案、HCA 公司（Hospital Corp. of America）收购案、哈拉斯娱乐公司（Harrah's Entertainment）收购案以及玩具反斗城（Toys "R" Us）收购案。

大约 20% 的公开上市公司符合上述特征，若投资者愿意，可以通过购买这些公司的股票来模拟并购基金的表现。一些行业观察人士以及学术机构成员，包括我本人，都曾自创符合上述部分特征的股票指数。从历史业绩看，这些仿杠杆收购股票指数媲美真正的杠杆收购基金[5]。小型基金管理公司维塔德资本（Verdad Capital）运营着唯一一个这种类型的指数基金。基金规模相对较小，总共只有 1.4 亿美元。机构投资者不愿意采用复制并购基金这一逻辑。对此，一位投资顾问私下跟我说："如果捐赠基金经理将款项用于复制指数，他们就没法顺理成章地拿高薪了！"杜克大学捐赠基金的投资主管尼尔·特里普利特（Neal Triplett）就是一个很好的例子。杜克大学捐赠基金持有 12 亿美元的私募股权投资基金。2018 年，该捐赠基金的投资回报没能超过标普指数这一业绩比较基准，但尼尔·特里普利特依旧拿到了 350 万美元的薪酬[6]。

成长资本

成长资本（growth capital）是不同于杠杆收购的另一种另类投资。成长资本投资成熟度尚可的公司，持有被投企业的少数股权。其投资标的需要资金来进行扩张，却尚未满足上市条件，因此他们转而投向私人途径。举例来说，在 2019 年完成首次公开发行之前，视频会议公司 Zoom 完成了数轮成长资本融资。"持有被投企业的少数股权"意味着成长资本拥有的被投公司股权少于 50%，因此成长资本对被投公司的运营没有控制权。这一点与杠杆收购基金不同。杠杆收购基金拥有被收购公司的控制权。与杠杆收购基金相同的是，成长资本在营销上也宣称自己的收益高于股市。私募股权投资基金中，约 15% 是成长资本。

创业投资 [①]

创业投资（venture capital, VC）指的是向处于创业阶段的公司进行的股权投资。围绕创业投资行业及其成功案例有不少讹传，例如投资苹果公司的故事。但其实，创业投资的标的大都已经有了像样的办公地点，业务已经步入正轨，早已过了初创阶段。创业投资的目标公司已有产品和收入，但大都尚未赢利。它们的商业模式尚未得到完全验证。人们往往以为创业投资基金只投高科技公司，但其实创业投资基金涉足的行业众多。例如，销售童装和玩具的 Good Buy Gear 在 2020 年募集了 800 万美元的创业投资 [7]。独立调研显示，创业投资的平均回报低于股市。不过问题不大。正如华尔街人士常说的："在势不在实。[②]"睿勤（Preqin）数据库

[①]　亦译为"风险投资"。——译者注

[②]　原文为"Sell the sizzle, not the steak"。意即卖的是牛排嘶嘶作响的声音，而非牛排本身。——译者注

显示，私募股权投资中，约 15% 是创业投资。

为方便阅读，本书所称的"并购基金"即指私募股权 [1]。

其他另类投资

杠杆收购、成长资本以及创业投资并非公开交易的股票或债券。它们是非传统的，或者说是另类的投资。其他常见的另类投资包括对冲基金、地产基金和商品基金（physical commodity funds）。

对冲基金

非专业人士常常将对冲基金与私募股权混为一谈，但其实二者差异颇大。对冲基金自机构和富裕个人处募集资本，这一点与私募股权相同。但是，对冲基金主要投资公开交易的有价证券及其衍生工具，例如期权（options）、掉期（swaps）以及期货（futures），极少投资私人企业。

"对冲"源自对冲基金最初采取的策略，即多头 / 空头股票模型（long/short equities model）——对冲基金会买入一些自己看涨的普通股，同时卖出看跌的股票。这样的仓位组合可以令基金免受股灾之苦，但同时也限制了股市大涨时的收益上限。由此，这样

---

[1]　私募股权有广义与狭义之分。本书重点讨论的是狭义的私募股权，广义的私募股权还包括创业投资等多种形式。——译者注

的策略实现了"对冲"。如果基金经理选股合理，那么无论股市涨跌都能获利。华尔街将这一策略称为市场中性（market neutral）。

　　州养老基金和大学捐赠基金这样的大型机构投资者在反复出现的股市波动中备受煎熬，长久以来都在寻找与股市波动趋势相反的资产。对冲基金承诺满足这一需求，在 21 世纪初发展迅速。然而今天，他们的策略已与最初保持市场中性的模型目标相去甚远。现在，对冲基金的分类已有十余种，从仍有拥趸的多头 / 空头股票模型到允许基金经理在全球范围内自行决定是对股票、债券以及其他金融工具做多、做空还是保持市场中性的宏观对冲策略①。对冲基金策略繁多，很难将其作为一个整体进行业绩比较。鉴于许多对冲基金的投资组合都由公开交易的权益类投资和公开交易的收益固定的有价证券构成，60/40 指数或许是一个不错的业绩比较基准，可以用它来评判一众繁杂的对冲基金的投资表现。

　　和私募股权管理机构一样，对冲基金管理机构努力打造神秘而专业的光环，暗示他们同样拥有魔法般的秘诀，可以获得超额回报。然而事实却往往相反。例如，过去 5 年间，新泽西州养老基金投资了超过 80 只风格各异的对冲基金，但其收益轻易便被60/40 指数超越 [8]。

　　撰写本书时，对冲基金的资金规模与并购基金、成长资本和创业投资加在一起的总和大致相当。

─────────────

① 即全球宏观对冲基金（global macro fund）。——译者注

今天，有数以千计的对冲基金正在运营。它们往往集群行动，争夺同一个客户。竞争何其激烈，一位在华盛顿从事对冲基金相关工作的律师这样告诉我："对冲基金行业已经沦为对内幕消息的激烈争夺。"因为传统调研已经无法为典型的对冲基金带来足够大的优势。

投资私人地产

商业地产因其租金的契约性赢得了"抗股灾"的美名。正因如此，在 20 世纪 80 年代，机构投资者加大了对商业地产主题基金的买入。然而，地产基金虽然能够产生股市之外的收入现金流，但其收益具有周期性。此外，地产基金并非规避股市波动的灵丹妙药。在经济衰退时，地产的价值同样可能崩盘。

商品基金

有些投资者专门从事实物商品（如黄金、原油和木材等）的购买。投资者可以选择购买生产此类商品的公司的普通股，但他们认为买入专门的基金会比购买经营业务的公司的普通股更能触及商品本身。买入商品基金的投资者往往期望：①分散化投资；②抵御通胀；③取得与股市表现相反的收益。

机构投资者

如本书前文所述，机构投资者是拥有大量资金、进行多种投资，并对投资进行专业管理的大型实体，包括养老基金、共同基金、主权财富基金、基金会、大学捐赠基金、保险公司、私募股权投资基金，以及对冲基金。

在华尔街，像我这样的个人投资者被称为"散户"（retail investor）。散户通过个人交易账户、共同基金或美国企业年金账户 401（k）[①] 参与到金融市场之中。

许多机构都是受托人。受托人替他人管理投资性资产。例如，工会养老基金替业已退休和终将退休的工会成员管理资产。受托人承载着受益人的善意与信任，在管理资产时理应慎重。

了解上述概念后，现在让我们将目光转向杠杆收购行业的历史。

杠杆收购行业偶然频出的发展史

数十年来，受托人的职责在于将其管理的资产的大部分用于投资优质债券，以此实现稳定的收入并尽量避免本金损失。投资组合中也会有一小部分是定期发放现金股利的蓝筹股。

乍看之下，在私募股权投资基金诞生初期，受托人似乎不该

[①] 401（k）计划指 1978 年《美国税收法》新增的第 401 条 k 项条款的规定，是一种由雇员、雇主共同缴费建立起来的完全基金式的养老保险计划。401（k）计划于 20 世纪 90 年代迅速发展，逐渐成为美国诸多雇主首选的社会保障计划。——译者注

认为杠杆收购基金是适合自己的投资方式。首先，杠杆收购基金的项目池为盲池（blind pool），投资者在投入资金时并不知晓该基金都有哪些收购标的。历史上，华尔街认为盲池基金属于投机投资。对于杠杆收购的盲池，基金管理机构会向投资者提供相关投资资产及标的的概括性描述，但受托人基本上还是基于基金管理机构的声望做出投资决定，因为杠杆收购的商业模型以及历史业绩实在过于单薄。其次，杠杆收购的前提是举债完成收购。这种操作看起来风险很高。另外，杠杆收购基金要求投资者与基金管理机构签订为期10年的不可赎回合同。这样一来，无论基金赢利与否，这10年间基金管理机构都可以挣得费用。基于上述理由，许多手持丰厚资金的投资者拒绝投资私募股权投资基金，因为他们觉得私募股权投资基金风险过高。

既然杠杆收购基金拥有诸多弊端，受托人最终又是因何决定投资的呢？在接下来的小节中，我们将讲述令受托人对杠杆收购基金兴趣渐浓的重要推动因素。

现代投资组合理论逐渐被接受

现代投资组合理论（modern portfolio theory，MPT）是大型投资者用来将其投资组合划分为股票、债券以及其他资产的一种复杂数学框架。投资者希望以此在承受合理限度风险的同时实现未来投资收益最大化。现代投资组合理论通过计算投资组合内资产的历史业绩表现来评估其风险。这并非百发百中的预言，因为资产的未来收入势必将与其历史业绩相背离。现代投资组合理论于

1952 年问世。那时，绝大多数机构投资者的投资组合都由公开交易的股票和债券构成。

　　正如本杰明·格雷厄姆（Benjamin Graham）与戴维·多德（David Dodd）的经典著作《证券分析》（*Security Analysis*）使选股成了一种令人敬仰的职业，现代投资组合理论逐渐被机构接受，为新兴的投资组合管理及投资咨询行业笼罩上科学的光环。货币中心银行（money-center banks）和经纪行同样欢迎现代投资组合理论的出现，因为采用现代投资理论的机构将改变以往的投资组合，为它们带来大量生意。到了 20 世纪 80 年代初，现代投资组合理论已经成为包括受托人在内的大型机构常用的资产管理方法之一。

　　基金经理肯·索洛（Ken Solow）描述了现在看来稀松平常且适合机构投资者的投资组合搭建策略。现代投资组合理论将投资组合分为"核心"部分与"卫星"部分[①]。"核心"部分指的是投资传统资产的部分，例如公开交易的股票和债券。"卫星"部分投资非传统资产，例如私募股权、对冲基金、地产基金、商品基金和基建基金。"卫星"部分中各类非传统资产的投资目标相一致——"取得超出'核心'部分中传统投资的收益，同时尽量降低其与'核心'部分投资的相关性[9]"（图 2-4）。

　　十五年前，当我第一次听说上述策略时，我将其比作一个有

---

① 即核心－卫星投资组合（core-satellite portfolio）。——译者注，下同

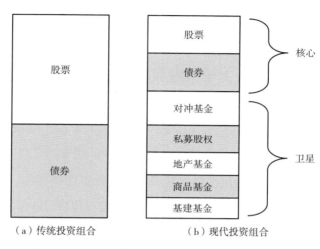

图2-4　传统投资组合与现代机构投资组合

钱人，他拥有一个基本储蓄账户，里面存有他的大部分养老钱，投资了安全的股票和债券；以及单独留出的少量积蓄作为"闲钱"，用来进行风险更高、未经市场检验的投资。闲钱的投资表现更具观赏性，分析起来也更有趣，因为其投资的有价证券价值波动较为剧烈。但同时，闲钱投资也要求投资者足够老练以应对可能出现的欠佳的投资结果。我完全不知道像福特基金会（Ford Foundation）这样的大型机构投资者会将另类投资作为投资组合的核心，摒弃原有的投资组合原则。

对杠杆收购的监管日益松懈

联邦级和州级的监管部门放宽了原本为防止机构破产而设计的、要求强制采用保守的投资策略的法规，为现代投资组合理论和杠杆收购的兴盛添砖加瓦。哈佛大学学者勒纳（Lerner）、利蒙（Leamon）和哈迪蒙（Hardymon）在其合著的书中指出，联邦政府于 1979 年放宽了对谨慎人规则①的限定[10]。早先，养老基金将谨慎人规则解读为"禁止投资另类资产"，认为其风险过高。联邦政府对于这一规则的放宽则敞开了养老基金投资另类资产的大门。正如皮尤基金会（Pew Foundation）所述，继联邦政府放宽规则之后，各州便纷纷效仿——"20 世纪 80 年代初之前，许多公立养老基金受到严格的法规约束，投资选择有限。例如，原先州养老基金、保险公司以及储蓄银行仅可投资'法定投资清单'（legal list）②中的产品。因为对这些机构来说，安全是排第一位的。然而在 20 世纪 80 年代至 90 年代，各州逐渐放松了限制，给予养老基金更多自由，允许其投资种类繁多的金融工具[11]"。这一变化推动了州养老基金由投资保守的债券改为投资股权和另类投资的长期转变。

垃圾债的大肆扩张推动了并购的发展

20 世纪 80 年代前，垃圾债宛如堕入地狱的天使——其公司本属于"投资级"，只是因时运不济而表现欠佳。垃圾债风险较高，有着很高的违约率。投资家迈克尔·米尔肯（Michael

---

① 即在养老基金的投资管理过程中，投资管理人应当达到必要的谨慎程度。——译者注

② 指经美国州政府审核同意，允许保险公司等特定机构依法投资的公司证券的清单。——译者注，下同

Milken）和投资银行德崇证券（Drexel Burnham Lambert）开启了通过发行垃圾债完成杠杆收购的潮流，为杠杆收购行业提供了新的融资手段。

监管的松懈为垃圾债大肆扩张的现象提供了温床。在此之前，养老基金、储贷协会以及人寿保险公司等较为保守的机构不涉足垃圾债。而随着新规的出台，这些机构开始投身垃圾债，以期取得更高的收益。这一转变让联邦政府付出了高昂的代价——20世纪80年代末，数百家储贷协会倒闭，政府不得不动用逾1 000亿美元的存款保证金。

税收及法律政策利好杠杆收购

随着杠杆收购行业的发展，投资者逐渐意识到其在税务方面的优势。高昂的债务利息费用在纳税时是可抵扣的，收购金额大都可以计提税务折旧，资本收益的税率也处在历史低位。我研究过的一项并购交易显示，收购一家市值3亿美元、每年产生1 800万美元现金流的零售公司所需缴纳的所得税为零。事实上，联邦纳税人无意间支持了杠杆收购的发展。

此外，尽管私募股权采用将数起杠杆收购纳入同一个伞形基金体系（fund umbrella）的模式，其在法律层面依然维持着未对被收购公司进行统一运营这一假象。投资组合公司在法律层面是各自独立的。事实上，私募股权投资公司阿波罗全球管理公司（Apollo Global Management）投资的博彩业巨头哈拉斯娱乐公司破产后，哈拉斯娱乐公司的债权人无法向同一投资组合下的另一家企业——食品零售商 Smart &Final——主张哈拉斯娱乐公司无力偿还的债款。在法律界，这种独立性被称为"公司面纱"制度。戈登·布拉夫（Gordon Brough）在其著作《私人有限公司：组建与管理》（*Private Limited Companies: Formation and Management*）中对这一制度进行了详细阐述[12]。

多重因素引发 20 世纪 80 年代的杠杆收购狂潮

前述种种利好因素在 20 世纪 80 年代初齐齐发挥作用，形成了一波杠杆收购的发展狂潮（图 2-5），并在规模庞大的雷诺兹－纳贝斯克公司收购案中达到巅峰。美国的公司高管意识到私募股权已经在行业内形成一股势力。但到了 90 年代初，杠杆收购的发展速度放缓了。几起登上新闻头条的重大破产、一些大规模收

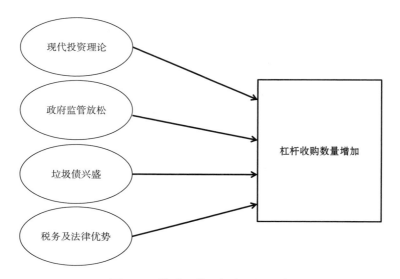

图 2-5　推动私募股权发展的因素

购案（如雷诺兹－纳贝斯克公司收购案）欠佳的投资收益前景，以及部分由收购美国联合航空公司竞价失败导致的 1989 年股市风波，一连数年为杠杆收购行业蒙上了阴影。

其他负面因素来自 60 亿美元的喜互惠连锁超市（Safeway）收购案。这起收购是《华尔街日报》（*Wall Street Journal*）记者苏珊·法路迪（Susan Faludi）的普利策奖获奖作品的报道对象。普利策奖委员会称"她检视了金融给人们带来的代价[13]"。交易完成后，喜互惠连锁超市的杠杆收购买家裁掉了 6.3 万名员工，留下的低级别员工也被降了薪。与此同时，杠杆基金以及喜互惠连锁超市的高管却赚得盆满钵满。喜互惠连锁超市收购案给低级别员工造成的巨大冲击似乎明显有失公允。苏珊·法路迪这篇文章的矛头直指并购行业。一些观察人士由此开始思考针对如此冷酷无情的资本主义行径的社会政策。但是，这般深入的反思并没有持续多久。华尔街没有多少深刻的思想家，喜互惠连锁超市收购案很快就被抛到脑后了。到了 20 世纪 90 年代中后期，杠杆收购再次活跃起来。正如私募股权管理人员盖伊·弗雷泽－桑普森（Guy Fraser-Sampson）在其著作《资产的博弈：私募股权投融资管理指南》（*Private Equity as an Asset Class*）中提到的，这一时期，每年都有超过 100 只杠杆收购基金成立[14]。简直令人难以置信。杠杆收购行业刻苦反思的主要成果是将负债累累的收购成功包装成私募股权。这个名词听起来要比杠杆收购更加温和，语气上也更富建设性。

2000 年的互联网泡沫破裂以及 2001 年的经济衰退致使杠杆

收购行业短暂停摆，但几年后经济恢复，杠杆收购卷土重来。机构投资者被 2002 年标普指数高达 49% 的大跳水吓破了胆，其中一些投资者将目光转向私募股权投资基金，谋求更高的预期收益和股市下行期的避险。杠杆收购交易由此日益活跃。较之 2002 年，2007 年的交易量上涨了 500%。然而，2008 年的金融危机令这一上涨势头戛然而止。之后的衰退期内，杠杆收购交易量骤降（图 2-6）。

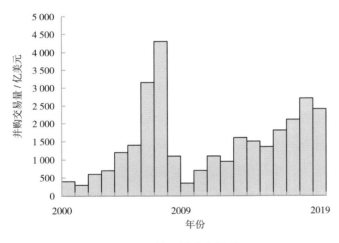

图 2-6　美国并购交易量

来源：睿勤。

2008—2009 年的私募股权行业衰退并没有持续很久。几年后，机构投资者（以及出资人）又开始将大量资金投入并购中，完全无视规模最大的两笔杠杆收购交易——450 亿美元的能源控股公司（Energy Holdings）以及 310 亿美元的美国哈拉斯娱乐公司——均已申请破产。2017—2020 年，杠杆收购的筹资总额达到了破纪录的峰值，许多基金管理机构都募集到了机构资金承诺逾 100 亿美元的巨型基金。例如，阿波罗全球管理公司于 2018 年募集的基金便有 250 亿美元的承诺出资。

杠杆收购的演变

正如大名鼎鼎的并购投资银行家布鲁斯·沃瑟斯坦（Bruce Wasserstein）所述，在杠杆收购行业兴起的最初 20 年间，杠杆收购演变出了 3 种类型[15]。

经典杠杆收购（Classic LBO）：经典杠杆收购的模式是最大限度地举债、最低限度地投入私募股权投资基金管理机构的权益现金来尽可能多地收购资产。

解体杠杆收购（Breakup LBO）：在这种模式下，被收购公司的债务水平很高。被收购公司不仅通过未来运营产生的收益偿债，还必须卖掉部分资产。

战略杠杆收购（Strategic LBO）：杠杆收购基金收购中等规模的公司，通过吸收合并数个经营同类业务的小公司实现扩张，从而将被收购公司变为有吸引力的收购标的或上市种子选手。

随着私募股权行业的蓬勃发展，杠杆收购基金彼此分化，专精于上述三个细分类型之一。此外，它们通过专门从事特定规模的交易或专注于某一特定行业来避免同质化。这样的策略是合理的，因为随着时间的推移，投资者会觉得适度的专门化能使基金管理机构专业性更强、见地更深，在投资组合监管上也更具规模效应。

久而久之，投资者认为不同规模的交易需要用到不同的技能，因此他们将杠杆收购基金分为三类：

- 大型市场：交易规模大于 5 亿美元。
- 中型市场：交易规模为 1 亿~5 亿美元。
- 小型市场：交易规模小于 1 亿美元。

例如，Stone Goff Partners 投资营运收益（operating earnings）在 300 万美元至 1 000 万美元的公司，对应的交易规模小于 1 亿美元。铂金资本（Platinum Equity）2018 年募集的基金的收购标的为收入不超过 4 500 万美元的公司。相应地，其交易规模不超过 5 亿美元。投资者断定，目标公司的规模不同，需要基金管理机构用到的技能也不同。

绝大多数杠杆收购基金都涉足多个行业，但也有少量基金专注于特定行业，认为这样能取得更好的投资表现。不过，这一观点尚未得到验证。一个有名的例子是 Vista Equity Partners 在 2019 年募集的一只 100 亿美元的专门收购商用软件公司的基金。另一个例子是 TSG Partners，其管理着 90 亿美元的基金，专注收购类似"维他命水"（Vitamin Water）这种有名的消费品牌。

现在，已有逾 700 家杠杆收购基金集团正在运营。杠杆收购基金行业内有充足的空间吸纳各种投资风格。杠杆收购基金也在美国商业中占据了稳固的一席之地 [16]。杠杆收购基金合计控制着逾 7 000 家公司，其中包括许多老牌企业，例如 PetSmart[1] 和史泰博（Staples）[2]。

　　杠杆收购公司直接雇用的美国人达数百万人。美国并购基金的权益投资有将近 10 000 亿美元，对应的受并购基金监管的资产规模则是这一数字的 2~3 倍。据美国投资委员会（American Investment Council）称，在规模最大的州及市级养老金计划中，有 90% 都对并购基金做出了资本承诺。许多大学捐赠基金和非营利性基金会也涉足了并购基金。

　　杠杆收购基金如此崇高的地位已然从经济领域渗透到了美国的政治、文化以及教育领域。私募股权投资基金管理人员担任着美国的高级民选职务和重要的政治任命职务。例如，特朗普（Trump）政府中，担任联邦储备委员会（Federal Reserve Board）主席和美国商务部长的都是前基金管理人员。撰写本书时，拜登（Biden）政府中与私募股权行业曾有联系的官员包括白宫幕僚长、美国国务卿、美国国防部长、美国国家经济委员会主任、美国货币监理署审计长、美国商务部长、美国气候特使以及新冠疫情特别工作组协调员。基金管理人员在美国最权威的机构的董事会任职，包括哈佛大学（Harvard University）、福特基金会

---

① 　PetSmart 为美国宠物超市。——译者注

② 　史泰博（Staples）为美国办公用品公司。——译者注

（Ford Foundation）、布鲁金斯学会（Brookings Institution）①、大都会歌剧院（Metropolitan Opera），以及美国梅奥医学中心（Mayo Clinic）。

私募股权在美国社会取得崇高地位的同时也引发了一些争议。作为自由资本主义的化身，私募股权以其干脆决绝的裁员与冷酷无情的逐利闻名，引起了进步官员的愤怒。其中就有参议员伊丽莎白·沃伦（Elizabeth Warren）。她抗议许多并购交易都会引发的破产和裁员。进步官员希望动摇私募股权投资基金自由运营的根基。登上新闻头条的几起重大破产事件为中立偏左派作家提供了写作素材。例如，尼古拉斯·萨克斯森（Nicolas Shaxson）就以如下方式描述奥尔登全球资本（Alden Global Capital Partners）："这家金融公司将当地报社尽数买下，再盘剥干净。像奥尔登全球资本这样的私募股权投资公司令被收购公司负债累累，收益则都留给自己。它们摧毁被收购公司，自己却荷包鼓鼓地离开 [17]。"奥尔登全球资本由前华尔街人士兰德尔·史密斯（Randall Smith）运营，拥有《丹佛邮报》（Denver Post）、《圣保罗先锋报》（Saint Paul Pioneer Press）等报社。收购过程中，奥尔登全球资本裁掉了大批记者和其他工作人员，被指责将报社榨干。

根据我个人的经验及调研，杠杆收购基金并非总是依靠上述

---

① 美国著名智库，是华盛顿特区学界的主流思想库之一。其规模庞大、历史悠久、研究深入，在美国极具影响力。——译者注

做法来获利。然而，诸如美国论坛公司（Tribune Company）、利安德化学公司（Lyondell Chemicals）以及玩具反斗城并购案这样扎眼的反面案例，故事性极强。其交易的特征包括一轮又一轮的裁员、破产，以及诉讼。在此期间，基金管理机构则收取巨额费用。

另外，私募股权投资基金的支持者认为该行业做到了：

● 令投资组合公司效能更高，对美国经济起到积极作用。这一论点是由一些学者提出的。

● 为美国劳动者创造新的就业机会。这个论点比上一个更站不住脚。

● 向参与杠杆收购基金的投资者——特别是供养美国劳动者的养老基金——提供良好的投资回报。杠杆收购基金行业的说客特别喜欢这个论调。偶尔遭到针对其平平的投资收益和收取的高昂费用的抗议时，并购行业的官方回应总会围绕这一论调展开。

大型并购基金集团贝恩资本（Bain Capital）的联席董事长斯蒂芬·帕格卢卡（Stephen Pagliuca）在 2020 年接受美国消费者新闻与商业频道（CNBC）的采访时对上述论调进行了总结。他说："私募股权对美国益处多多。"三位电视主播——包括《纽约时报》（New York Times）记者、畅销书作家安德鲁·罗斯·索尔金（Andrew Ross Sorkin）——皆保持沉默，对这一有待商榷的言

论听之任之 [18]。斯蒂芬·帕格卢卡的净身家达 4.5 亿美元。如此看来，私募股权于他而言卓有成效，但在他的投资者身上就没有这般突出的表现了。近期，贝恩资本的投资表现欠佳，已然问题重重。其最大的两起收购——240 亿美元的 iHeart Media 和 70 亿美元的玩具反斗城——双双破产，都导致了大规模裁员 [19]。

也许有人觉得，美国消费者新闻与商业频道记者之所以不援引上述事实可能是因为该报道属于"联系型采访"（access journalism）——受访者位高权重，记者为与其保持友好联系而回避可能令其尴尬的尖锐问题，以便日后仍有机会对其或与其地位相当的人进行采访。更加悲观的解读基于诺姆·乔姆斯基（Noam Chomsky）[①] 的媒介研究理论，即对谋求事业成功的记者（及其雇主）来说，"现状"（status quo）即是客观观点 [20]。基于这种理论，帕格卢卡先生的言论即是（并且一直都是）"现状"，因而无须质疑。

多年来，学界以及其他关注私募股权行业的人士一直支持该行业提出的论调。然而，近年来一些公开发表的论文对这一论调进行了驳斥，局面因此有所逆转。由于私募股权行业的私密性，收集确切数据对诸如"私募股权对增加就业起到的作用"等方面进行客观分析并不容易实现。有些时候，既定结论难以得到验

---

① 诺姆·乔姆斯基是美国哲学家、麻省理工学院语言学荣誉退休教授。他对 20 世纪的理论语言学研究做出了极大贡献，对政治也怀有极大热忱，是美国激进派政治人物的著名代表。——译者注

证。信息的缺乏也为私募股权行业的支持者提出合理反驳留下了空间。

无疑，私募股权行业的井喷式发展令中等规模的低技术公司业主受益。正如资深投资银行家菲尔·埃拉尔（Phil Erard）所述："早年间，若一家公司不属于入时的行业领域，也不准备上市，业主只能要么将公司贱卖给竞争对手，要么将公司作为家族产业传下去。[21]"现在，这类公司成了杠杆收购的香饽饽。对于运转良好的低技术公司，若业主决意出售，便能收到合理的报价。私募股权行业的另一类受益者是财政紧张的州政府。州雇员养老金计划投资私募股权的预期收益要比进行传统投资更高（虽然无法保障收益实现）。养老金计划的精算师非常欢迎这样的高预期。即便该预期无法实现，精算师依然可以据此合法允许州政府减少其对州雇员养老金计划的供款额，同时宣称养老金拥有足够的偿付能力。这样的策略使得州政府可以挪出更多的资金用于其他预算项目。

私募股权投资基金管理机构（即普通合伙人）通过收取资金管理费积累的大量财富与其为杠杆收购投资者（即有限合伙人，limited partners，LP）实现的平平收益形成的鲜明对比尚未达成广泛共识。基金管理机构与投资者在收益上的差异之大——许多基金管理人员已然成为巨富——是私募股权行业的禁区。行业外的批评人士要想揭露这一事实，需要付出艰苦卓绝的努力。

批评人士攻击的矛头之一便是新山资本（New Mountain Capital）的主要合伙人史蒂芬·科林斯基（Steven Klinsky）[22]。

他仅凭管理 150 亿美元的承诺出资便积累下高达 30 亿美元的净身家，而那 150 亿美元中只有很少一部分是他的自有资金。他管理的 6 只基金中，只有 1 只成立于 2007 年的基金在其为期 10 年的生命周期中令投资者的资金翻了一番。6 只基金中规模最大的一只有 60 亿美元，于 2017 年成立，业绩表现还不如股市。耐人寻味的是，2021 年 1 月，新山资本募集了一只 90 亿美元的新基金。

本章附录

本章附录介绍投资基本概念，读者可根据自身情况学习或复习。

传统投资

公开交易的股票和债券被称为"传统投资"。所谓传统是因为至少直到 20 世纪 80 年代初，公开交易的股票和债券都在大型机构和富裕个人的投资组合中占大头。

公开交易的股票

公开交易的股票代表对某一营利性企业的所有者权益。拥有经纪账户的人都可以买卖公开交易的股票。为保护投资者，联邦政府、州政府，以及进行股票买卖的交易所制定了许多规则与法规。其中，最重要的法规是关于强制上市公司向投资者披露海量信息以及经审计的财务报表。这样，研究这些信息的投资者就能知晓他们买的究竟是什么样的公司的股票。此外，交易所为投资者提供了快捷、有序买卖股票的常设场所。投资者把股票可以通过交易所快捷、有序地买卖这一特性称为"流动性"（liquidity）。拥有公开交易的股票的公司包括苹果公司、艾克森石油公司、J. P. 摩根公司（J. P. Morgan）等。

在美国，大约有4 000家公司发行的公开交易的股票买卖活跃。其中最大的500家公司的市值之和占总市值的80%。除此之外，还有约1只股票交易并不频繁。它们的买卖以场外交易（over-the-counter）的方式进行，不在交易所内交易。

普通股的年收益率（annual rate-of-return）主要受以下两种因素影响：

（1）一年中股价的变化；

（2）现金股利，如有。

上述（1）和（2）加在一起便是一只普通股一年的总收益（图2-7）。例如，一只股票在年初时的价格为每股20美元，每年派发1美元的现金股利。到了年末，该股票的价格涨至每股22美元，即上涨了10% [（22 - 20）÷ 20 × 100% = 10%] 的股价收益。派发的现金股利相当于5%（1 ÷ 20 × 100% = 5%）的收益。因此，该股票的年度总收益率为15%，即10%（股价收益）+ 5%（现金股利）=15%（总收益率）。在很长一段时间里，基于所选择的计算周期，美国股市大盘的年复合收益率达10%。

为方便比较，华尔街用价值比（value ratios）来表示股价。最常用来表示股价水平的比值是市盈率（price-to-earnings ratio, P/E），其衡量的是股价（P）与基础收益（E）间的关系。较高

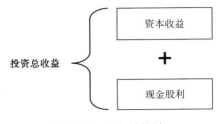

图 2-7　投资总收益

的市盈率意味着该公司是有价值的成长型公司。撰写本书时，美国股市的市盈率为 22×。

公开交易的债券

债券是"一种收益固定的金融工具，代表投资者向债务人（典型的债务人为企业或政府机构）出借的款项[23]"。债券上载明的细节包括债务人承诺的还本日期以及利息支付条款。债券也是一种拥有法律效力的契约。若债券持有人未能取得应给付的金额，则可寻求法律救济，如宣告债务人破产。

公开交易的债券的发行人必须遵守法定信息披露要求，在网上公开各类报告。投资者可据此查询债券发行人的各项活动。债券的流动性大都不如公开交易的股票，但大型发行人（如美国政府）发行的债券是例外。若债券发行人身陷财务困境，则债券持有人对债券发行人的资产享有高于股东的优先求偿权。在绝大多数情况下，债券持有人的潜在收益是固定的（如利息收益）。而股东的收益理论上是无潜在上限的，因为股价可以长期持续上涨（图 2-8）。2000 年，亚马逊公司的股价是每股 60 美元。到了 2020 年，其股价每股已逾 3 000 美元。

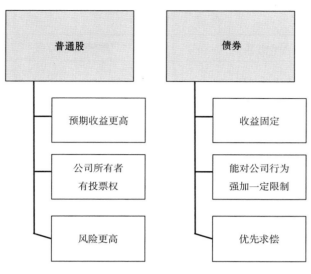

图 2-8　普通股与债券

债券的总收益包括债券的价格波动以及给付的利息。债券价格与利率变化呈负相关——利率升高，则债券价格降低，反之亦然。不过，债券价格比股票价格更稳定。

许多公开交易的债券都由一个或多个最具权威的信用评级机构——美国标准普尔公司（Standard and Poor's）、穆迪投资服务公司（Moody's）以及惠誉国际信用评级有限公司（Fitch Ratings）——进行了评级。质量更高的债券预期违约风险较低，信用评级为投资级。非投资级债券即垃圾债券，违约风险更高，债券持有人可能损失债券票面价值的大部分。杠杆收购负债极高，属于垃圾债券发行人。美国标准普尔公司的债券信用评级体系见表 2-1。

表 2-1 债券信用等级

分类	信用等级
投资级 （低风险）	AAA
	AA
	A
	BBB
非投资级 （垃圾债券）	BB
	B
	CCC
	CC
	C
	D

得益于政府的大规模发债，债券市场的市值比股票市场大好几倍。过去 50 年间，债券市场的年复合收益率为 5%，而股票市场的年复合收益率为 10%。

垃圾债的违约风险（或破产风险）更高，因此一只垃圾债每年可能比投资级债券多产生 3%~4% 的收益。投资者希望获得更高的收益作为对自己承担额外风险的补偿。剔除破产损失后，垃圾债较之投资级债券的净收益溢价在 1% 左右。

风险

风险是什么？每个人都在谈论风险，但风险意味着什么？在个人层面，风险是可能令你遭受危险的情景。在金融层面，绝大多数人认为风险即是一项投资贬值的可能性。在投资领域，风险不仅指损失本金，还指一项投资的未来业绩表现与买入时的预期严重不符的可能性。例如，你预期一项投资在第一年和第二年分别获得 5% 的收益。然而，实际情况却是该投资在第一年获得了 3% 的收益，在第二年获得了 6% 的收益。严格来讲，你并没有遭受损失，只是与预期相比经历了更大的变动。更多的不确定性意味着更高的风险，大多数人都不喜欢。

大部分人都能识别的一种风险是违约风险，即某家公司的股票变得一文不值，或者该公司的债券的价格跌破了发行价。我的前东家之一——美国雷曼兄弟投资银行（Lehman Brothers）——便是一个很好的例子。美国雷曼兄弟投资银行破产的前一年，其股价高达每股 65 美元，之后便跌至零元。破产后，雷曼兄弟投资银行的债券的交易价格跌至 1 美元面值价 35 美分。

除了蒙受巨大损失的风险，还有一种风险是投资收益大幅震荡，而非预期的平滑上升（图 2-9）。例如，你买入普通股，建立了一个投资组合，期望在接下来的几年里实现 +7% 的年增长。第一年，股市下跌，投资组合的总收益（股价波动加上股利）为 –5%，而非 +7%。随后几年的投资收益分别为：+8%、+16%、–1% 和 +13%。你的投资组合没能实现每年 7% 的平稳增长，而是起伏不定，不仅将你暴露在蒙受绝对损失的可能性中，还让你承受了较之投资其他可选资产（如债券或地产）的相对损失。

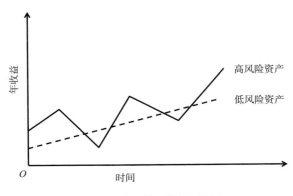

图 2-9　高风险投资波动较大

　　投资组合的平均收益——在这个例子中即为年平均 7%——与其实际每年各异的收益（例如 –1% 或 +8%）之间的差异，即为风险。金融学中有多个用于衡量风险的统计工具。它们往往有着数学名称，例如标准差和贝塔系数（beta）。从投资者的角度看，若一项投资风险更高、收益曲线起伏更大，或者说不确定性更高，则理应提供较之投资表现可预测的投资组合更高的投资收益。这就是垃圾债会比投资级债券的投资回报更高的原因。

　　多年来，市场已证实投资风险越高（即各期收益较平均收益波动更大），投资收益便越高。高风险与高收益间的关系并非线性，在不同时期会有差异。此外，金融市场归根到底是基于投资的历史业绩来评判其未来风险，可历史业绩对未来的预测绝非精准。

　　图 2-10 中的坐标图对一些常见资产类型的风险与投资收益进行了比较。

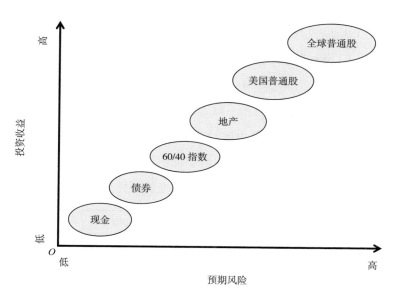

图 2-10　不同资产类型的风险与投资收益

指　数

　　股票市场价格指数（stock market index，即股指）是用来代表股票市场中特定部分的、由一组普通股构成的虚拟组合。投资者将指数的总投资表现当作业绩表现基准，与自己的投资组合的投资表现进行比较。最常用的股指是标普 500 指数。它包含美国市值最大的 500 家公司的普通股，能够广泛代表美国经济的许多方面。专注大型企业股票的权益投资组合管理人员（equity portfolio manager）常常会把"今年我跑赢了标普 500 指数一个点！"这样的话挂在嘴边。除标普 500 指数外，投资者也会用到其他数十种股票指数来衡量自己的投资组合的业绩表现。

　　许多共同基金和交易型开放式指数基金（exchange traded funds，ETFs）提供追踪指数的投资工具。其中规模最大的是追踪标普 500 指数的先锋 500 指数基金。由于共同基金经理或交易型开放式指数基金经理并不对成分股（index stocks）进行积极筛选，这类投资工具被视为被动投资（passive investments），其营运费用和收费都比主动投资组合要低。主动投资组合的管理人员必须对公司进行分析，继而挑挑拣拣来选股（图 2-11）。

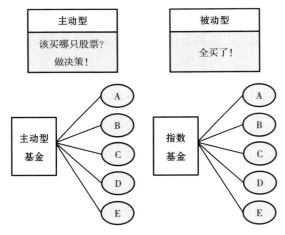

图 2-11　主动管理与被动管理

　　杠杆收购基金的收购标的是成熟公司。这类公司在许多方面都与众多上市公司相类似。因此，私募股权投资基金的投资者经常将自己的投资收益率与标普 500 指数相比较。

　　与股权投资者相似，债券投资者也会用各种债券指数来衡量自己的相对业绩。彭博巴克莱美国综合债券指数（The Bloomberg Barclays U.S. Aggregate Bond Index）就是一个常用的业绩比较基准。

对于愿意承担中等风险的机构（或个人）投资者来说，传统的业绩比较基准（如本书第一章提到的）是 60/40 指数。"60/40 指数是机构投资者的金标准。"一位投资顾问如是说。在市值方面，60/40 指数包括 60% 的标普 500 指数以及 40% 的美国综合债券指数。这样的配比令指数投资者在股市上行时可以分得一些收益，在股市下跌时又能利用债券抵消一些损失。

例如，在 2008 年的股灾中，标普 500 指数下跌了 37%，而 60/40 指数的跌幅只有 14%。但话又说回来，2019 年股市大涨的时候，标普 500 指数攀升了 31%，而 60/40 指数只上涨了 20%（图 2-12）。

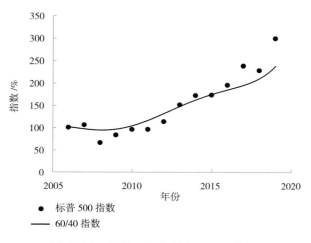

图 2-12　标普 500 指数与 60/40 指数

分散化

简单来说，投资分散化即"不要将鸡蛋放在同一个篮子里"。分散化能使投资者在一类或一项资产暴跌时免受重大损失。分散化可以通过让投资组合涵盖不同类型的资产（如股票、债券和地产）来实现，还可以通过投资同一类型的多项彼此间差异显著的资产来得到进一步加强。例如，在股票投资组合中，购买30只所属行业各不相同的公司的股票即可实现分散化。

鉴于私募股权投资基金的收购标的与公开交易的股票十分相似，或许有人会说同时投资私募股权投资基金和股票无法实现分散化。针对这一点，反驳的论点有两个：私募股权让投资者有更多选择，可以投资非上市公司；以及私募股权的历史业绩据说要比股票市场更加平滑。

第三章

私募股权行业如何运转？

　　这是康涅狄格州斯坦福德（Stamford）市郊^①一个周日的夜晚。斯坦福德市草木葱茏，位于纽约近郊。从这里到美国的金融中心只需乘坐 30 分钟的通勤列车。此时此刻，有一座低矮的办公楼，办公楼四周的停车场空荡荡的，只有风呼啸而过，然而，办公楼四层的一间会议室里却孤零零地亮着灯。会议室里坐着朗伯斯股权投资基金Ⅲ期（Lambeth Equity Fund Ⅲ）副总裁（vice president，VP）^②雷·米勒（Ray Miller），他正伏案辛勤工作着。与早前的Ⅰ期和Ⅱ期基金一样，朗伯斯股权投资基金Ⅲ期专注美国杠杆收购，其收购标的的售价为 1 亿 ~3 亿美元。朗伯斯股权投资基金Ⅲ期已经从机构投资者处获得 5 亿美元的承诺出资，正在为完成新的收购而不停征战。雷·米勒就身处战斗一线。许多并购集团的收购标准都与朗伯斯股权投资基金Ⅲ期类似，因此对收购标的的争夺异常激烈。"有一百只基金和十余家战略投资者争夺同一个标的。"雷·米勒解释道，"简直是疯了。"

　　雷·米勒担心错失潜在投资标的会令自己的职业发展受阻，因而选择加班。今晚，他在审读朗伯斯的数字营销工作人员群发

---

① 斯坦福德为美国康涅狄格州西南部城市。——译者注

② 该职位属于基金管理机构中执行人员的高层。——译者注

给各类联系人的电子邮件。不同的收件人会收到不同的信息——从家族企业到中等规模的投行，再到专攻公司法的律师事务所。例如，群发给投行的邮件内容为："朗伯斯股权投资基金正在物色从事基础设施服务业、营收超 1 亿美元，且利润超过 1 500 万美元的公司。"雷·米勒回顾了自己每周的日程，发现大量时间都花在给银行家、交易中间人和公司业主发邮件、打电话和发消息上。他正在寻找能够帮助朗伯斯促成交易的人脉。雷·米勒与他的许多私募股权同行一样拥有耀眼的履历——藤校本科[1]、沃顿商学院工商管理硕士（Wharton MBA）[2]，以及华尔街工作经历。他的薪酬与奖金都十分优厚，但他还没能晋升为合伙人——能够参与瓜分朗伯斯丰厚的基金管理费的少数幸运儿。如果雷·米勒足够坚毅也足够幸运，那么再坚持几年，他或许便能脱颖而出、如愿以偿。"你必须产出，而且你必须快速产出。"雷·米勒如是说。

　　有时，雷·米勒会怀疑自己的职业选择是否正确。入行前，他以为杠杆收购是一项有建设性且任务明确的智力挑战——分析目标公司的运营能力、赢利潜力以及所处市场，评估其成长性以及在未来竞争与经济环境下偿还债务的能力。私募股权行业资产规模之庞大，一度令雷·米勒觉得像朗伯斯这样的基金管理机构

---

[1]　即属于"常春藤联盟"（Ivy League）的高校。"常春藤联盟"成员全部是美国一流名校。——译者注

[2]　即宾夕法尼亚大学沃顿商学院，是世界顶尖商学院。——译者注

拥有某种神奇的秘籍，可以改善企业的经营状况。然而，现实与雷·米勒所想相去甚远——本质上，杠杆收购基金在寻求交易阶段就是在进行一场漫长的营销马拉松，迫切期望能实现每年完成2~3起交易、投资回报始终处于高位、将Ⅲ期基金筹集的资金悉数花光，并且神不知鬼不觉地筹划成立新的Ⅳ期基金这般恐怖的目标。

雷·米勒其实是虚构出来的人物，但走进任何一家私募股权投资基金，你都能找到像他一样的人。这些雄心勃勃的年轻人努力奋斗，想要从残酷的竞争中脱颖而出，登上私募股权事业的巅峰——当上普通合伙人，赚得盆满钵满。

杠杆收购基金如何运作？

从基金管理的角度，杠杆收购基金的生命周期分为六个阶段。

- 基金成立，募集资金。
- 寻找拟收购公司。
- 对拟收购公司进行估值。
- 取得被收购公司的控制权，努力改善其经营状况。
- 寻找合适的时机出售被收购公司。
- 成立新基金，再次募集资金。

图 3-1 列示了一只基金全生命周期内各阶段的时间线。请注

意，基金生命周期内的各个阶段可能有所重叠。例如，一只基金
在卖掉一家被收购公司的同时可能还在努力改善同一投资组合内
其他被收购公司的经营状况。

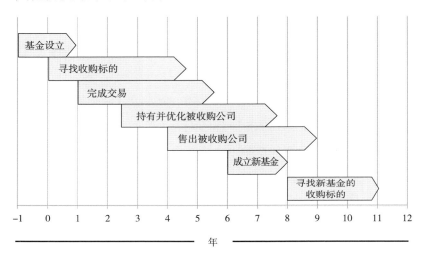

图 3-1　私募股权投资基金全生命周期各阶段的时间线

基金设立，筹集资金

新设立的基金在法律上属于合伙关系，同时也是盲池基
金①。设立之初，基金尚未确定投资组合公司，而且也不承诺会
在短期内进行收购。基金在募集公告里只会大概告知投资者自

---

① 在我国，现行的私募股权投资基金组织形式主要分为公司型基金、合
伙型基金和信托（契约）型基金。组织形式不同的基金具有不同的运
作特点。——译者注

已将：

- 收购并控制满足杠杆收购标的要求且规模达到预期的公司。
- 优化投资组合内被收购公司的管理与运营，使其成长。
- 以合理的出价完成交易。
- 在合适的时机售出被收购公司。

在理想状态下，"私募股权投资者着力实现与公开交易的股票相异的分散化投资，取得更高的投资收益"。Ion Pacific Funds 的首席运营官埃迪·阿德弗里斯（Ady Adefris）如是说[1]。那么，投资人该如何在一众盲池基金中进行选择，最大限度地提升实现上述两个目标的概率呢？

历史业绩

选择基金时，机构投资者会先查看基金管理团队的历史业绩。如果这支团队之前设立的 I 期和 II 期基金较之其他杠杆收购基金表现优异，投资者就会认为新设立的 III 期基金的业绩表现很可能也会超过其他同类基金，进而认购。

在私募圈，"表现优异"意味着 I 期和 II 期基金的投资收益位列所有同一时期进行投资的同类基金的前 25% 分位数（即前

25%)[1]。为什么是前25%分位数呢？因为排在前25%分位数的私募股权投资基金收益的确高于股市。事情就是这么神奇。大量的资金涌入杠杆收购基金，但杠杆收购基金中投资收益排在后25%分位数（即后75%）的基金的投资收益只能与股市持平，甚或更低（图3-2）。这一现象在过去二十年间尤为明显[2]。这就是为什么机构资产管理人员常说"我只投排在前25%分位数的基金"。

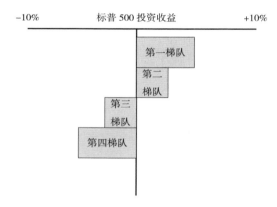

图3-2 杠杆收购基金年化收益近似值的四分位排名——与标普500指数对比

没有多少机构投资者会不辞辛苦去研读论述基于历史业绩选择拟认购基金这一做法之瑕疵的独立调研。过去10年间，已有一些研究人员计算了收益排名在前25%分位数的杠杆收购基金在之后

新设立的基金中延续自己强势表现的可能性[3]。知名管理咨询公司麦肯锡（McKinsey & Company）的最新研究结果显示，情况不容乐观。"排在前 25% 分位数的基金后续表现变糟了。"麦肯锡在报告中这样写道，"1995—1999 年，排名前 25% 分位数的基金中，平均有 31% 在新设立的基金中延续了自己的优异表现。但在 2010—2013 年，这一数字降到只剩 12% 了。[4]"换句话说，早在 15 年前，人们就已经发现杠杆收购基金无法复制自己的既往成功[5]。机构投资者与其基于历史业绩选择杠杆收购基金的普通合伙人，还不如蒙上眼睛朝合伙人清单上掷飞镖，投中哪个就选哪个。这样选出来的基金投资收益没准还能高些（图 3-3）。

图 3-3 猴子掷飞镖来选择私募股权投资基金

顶级期刊《金融经济学杂志》（*Journal of Financial Economics*）（2017）发表的一项涵盖了 865 只私募股权投资基金的研究总结得最到位："由此，可以说私募股权很大程度上符合其他类型资产所体现出的'历史业绩无法代表未来'的规律。[6]"话虽如此，杠杆收购从业人员无数次跟我说起类似下面这样的论调：

"历史业绩可以作为未来表现的参考""能做到投资收益排名跻身前 25% 分位数绝非偶然""我们只投资排在前 25% 分位数的基金"，以及"我们在杠杆收购上的成功在不同基金间延续"。

有趣的是，杠杆收购的小兄弟创业投资基金中，投资收益排到前 25% 分位数的基金确实显示出了延续优良历史业绩的现象。

借用历史业绩：派生基金

对于已经成立、正在寻找新资金的基金来说，基于历史业绩做选择的机构投资者会是很好的潜在客户。那么，即将成立的新私募股权团队该如何迈出自己的第一步呢？新基金没有历史业绩，怎样才能打动机构投资者？为打消机构投资者的疑虑，新基金会借用他们的前东家——已经成立的基金管理机构——的历史业绩，跟潜在机构客户说其团队成员从他们的前东家那里学到了这一行的门道，现在已经准备好用自己的所学为机构客户发光发热了。私募股权行业将这一做法称为"派生"（spinout）。"派生出来的普通合伙人（即基金管理机构）的工作内容其实跟他们多年来一直在做的没什么两样。"Sixpoint Partners 的投资银行家埃里克·左勒（Eric Zoller）如是说[7]。派生而来的杠杆收购投资公司很多，例如 Mid Ocean Partners（派生自德意志银行的私募股权投资基金）、NMS Capital（派生自高盛的 Merchant Banking 部门）、Diversis Capital（派生自 Gores PE）、Equistone Partners（派生自巴克莱银行）。挑选派生基金的方法本质上与基于历史业绩做出选择大同小异，因为归根结底投资者还是在基于历史业绩进行决策（图3-4）。

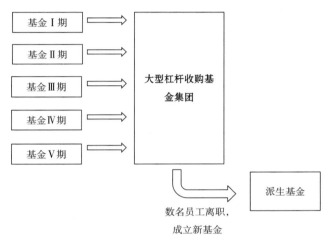

图3-4　杠杆收购派生基金

品牌之选

若机构投资者不愿过于依赖历史业绩，则可转而基于品牌选择基金。以下是机构投资者根据品牌选择基金管理机构的分步逻辑：

● 如果投资不知名的基金管理机构旗下的基金，结果不如预期，会产生什么样的后果？

● 挑选基金的方法本就不算十分科学。即便如此，机构的投资管理人员依然要为糟糕的投资表现担责？

● 为了机构投资管理人员的事业发展考虑，不如就选大家都听说过的知名基金管理机构？一个知名品牌，比如……黑石或者高盛之类的？

● 这样，即便这项杠杆收购投资搞砸了，收益极差，机构的投资管理人员还可以找借口推脱。

● 他们可以说："我们是跟着高盛（或其他诸如此类的知名机构）投资的。高盛可是如假包换的顶级机构。我们怎么可能料到他们会把事情搞砸？"

● 所有人都在跟着他们投资，我们的私募股权投资顾问也推荐他们！

所以说，机构投资者根据品牌选择基金是为了保住自己的饭碗。这不禁令人想到那句名言："没人会因为买 IBM 被炒。"这里的 IBM 意指唯一的安全选择。正如 PeopleNotTech 的首席执行官杜安娜·布洛姆斯特罗姆（Duena Blomstrom）所言："这样做是为了保护组织成员，使其在出现问题时免受波及。因为在大家心目中 IBM 应该是最不容易出问题的选项。[8]"金融圈的安全选择正应了那句话——"在华尔街，随大流总没错（The middle of the herd is a nice, safe place to be on Wall Street）。"如果多家机构争相购买某只大牌基金，那么即便这只基金的业绩没能跑赢股市，机构的投资管理人员也能免遭问责。

知名基金管理机构地位卓著、声名显赫，管理着数百亿美元的资金，但正如我和肯·陆在《私募股权杂志》（*The Journal of*

Private Equity）上联合发表的论文《大型并购基金集团的相对业绩表现》（*The Relative Performance of Large Buyout Fund Groups*）所述，总的来说，知名基金管理机构的投资业绩比随机抽选的杂牌基金高不了多少[9]。我们调查了 18 家规模最大且旗下拥有多只基金的私募股权投资基金管理机构，发现投资者并不特别在意这些基金管理机构的四分位排名。募集过几只基金后，大型基金管理机构便能从机构投资者处取得全权，无论自己的历史业绩如何。例如，普罗维登斯股本合伙人公司（Providence Equity Partners）有两只基金以多次破产惨淡收场，但在之后的 2013 年该机构依旧成功募集了 50 亿美元[10]。科尔伯格·克拉维斯·罗伯茨集团（KKR）旗下的基金在 2006 年和 2008 年都崩盘了，排名均跌至第三梯队（即前 50%~75%）。这样的业绩表现对不知名的基金管理机构来说是毁灭性的，可科尔伯格·克拉维斯·罗伯茨集团在 2013 年仍然轻易便募集到了 80 亿美元的基金。类似地，另一家知名基金管理机构贝恩资本（Bain Capital）的基金贝恩 IX 期（Bain IX）和贝恩 X 期（Bain X）接连出现问题，之后的贝恩 XI 期（Bain XI）却依旧募集到了 70 亿美元。宾夕法尼亚州养老基金承认这些弊端的存在，可对于贝恩旗下的基金却依然推荐继续买入。对于不利事实，宾夕法尼亚州养老基金闪烁其词，试图遮掩："贝恩资本已经投入了大量的时间和精力来优化其投资决策流程。[11]"

　　知名基金管理机构的投资表现欠佳，却仍受到青睐，一位机构投资顾问注意到了这一看似讽刺的现象，在 2020 年 4 月告诉我："历史业绩好的大型杠杆收购基金管理公司筹资十分容易。那些公司有自己固定的投资者群体，每次新募集基金那些投资者都会参与。"针对这一现象，一个很好的例子是华盛顿州养老基金。该基金在过去35年间向科尔伯格·克拉维斯·罗伯茨集团旗下的基金投了逾60亿美元，尽管该集团的历史业绩时好时坏。

对于新基金，机构投资者希望基金管理机构能够按照相当于机构投资者的资金承诺的3%来出资。数据显示，半数基金管理机构的出资占比超过了3%，其余机构的出资占比则低于这一数字。《养老金与投资》（*Pension & Investments*）杂志报道称，基金管理机构的平均出资占比为5%[12]。也就是说，若新基金的规模为5亿美元，当该基金完成收购时，基金管理机构至少要投入2 500万美元的自有资金（5% × 5亿美元 = 2 500万美元）。私募股权行业及其拥趸对于这一安排吵得沸沸扬扬，鼓吹基金管理机构的出资将其与机构投资者的利益绑定在了一起。但其实，基金管理机构运营规模为5亿美元的10年期基金，其确定收取的管理费用、对投资组合进行跟踪监控的相关费用以及交易相关费用高达7 500万美元。与之相比，2 500万美元的自有资金实属小巫见大巫。即便在2 500万美元自有资金的基础上再加上10%的管理支出，其总额依旧不会超过基金管理机构定能收取的费用金额。这样看来，基金管理机构显然没有投入切身利益。在新基金中，它们承担的风险为零。私募股权教材、媒体报道以及州养老金计划都未曾提及这一突出事实。而且，不论基金赢利与否，机构投资者都需支付这7 500万美元的费用。

基金关账后，寻找杠杆收购标的

一旦私募股权投资基金成立，基金管理机构接下来 10 年的进账便有了保障。这本身就是一个很大的胜利。对基金管理机构来说，接下来的挑战在于寻找目标公司。杠杆收购标的需满足的基本条件是既定的——公司规模、地域以及所属行业——基金管理机构要做的便是找到源源不断的投资机会并对其进行评估。这便是华尔街人士所说的"交易流"（deal flow）。

对绝大多数基金管理机构来说，建立交易流并非难事。后成立的基金可以利用先成立的基金业已建立的人脉关系。派生基金的基金管理人员可以利用他们在前东家那里积累下来的人脉关系和名望，实现新老基金交易流的无缝衔接。然而，从交易流到杠杆收购标的的期间的淘汰率高得吓人。"公认的经验是，你得看 100 多个机会才能完成一项交易。"Darby Private Equity 的董事总经理（managing director，MD）安德鲁·冈瑟（Andrew Gunther）如是说 [13]。换句话说，基金管理机构必须反复踩雷才能找到一个绝佳的投资项目①。

基金管理机构通过以下三种途径建立交易流：

- 新业务拜访。

---

① 原文是"a fund manager must kiss a lot of frogs before finding a prince"，意为"一名基金经理要吻过很多只青蛙才能找到一个王子"，是一个英语习语，源于《格林童话》。——译者注

- 推荐。
- 投资银行推介卖方。

新业务拜访

成功的私募股权投资基金都会进行十分活跃的推广活动。守株待兔并不能取得足以支持基金做大做强的交易线索。基金管理机构会直接群发邮件或电子邮件。它们会定期向私营企业、投资银行家、行业顾问、律师事务所、会计师事务所等各方发送消息，与其保持联络。收件人的联系方式有些是基金管理机构自有的，有些则是租来的。邮件内容不仅对基金管理机构已完成的交易进行宣传，也强调该基金的收购标准。许多公司并未官宣待售，但这种定期的、反复发出的要约不时会收到可能促成交易的回复。更重要的推广手段是有意安排的面对面接触。基金管理人员都保持着高强度的新业务拜访活动。就像虚构人物雷·米勒一样，他们的日程表排得满满当当，里面全是跟各种联系人发邮件、打电话，或者见面的安排。业内将这类活动称作"按门铃"（doorbell-ringing）。"按门铃"非常奏效。它让拥有潜在交易资源的人将一只基金与一张活生生的面孔联系到一起，并且给基金管理人员制造了详细阐述其收购标准的机会。我担任高级顾问的 Focus Investment Bank 是一家专注中型市场并购的投资银行，每周都会迎来几次类似的拜访。基金管理人员告诉我，他们跑外勤的时候，一天通常能完成 5~6 起这样的新业务拜访。

此外，基金管理人员还会参加各种与私募股权行业相关的会议。会议的主题包括并购流程、私募股权在家族办公室中的应用、私募股权对成长期企业的参与，偶尔也会聚焦杠杆收购或其他事项。参会人员中可能有潜在的并购交易推荐人和投资者。基金管理工作人员会在会议上发言或租设展位，与参会人员沟通交流。参会人员可以借机向基金管理工作人员多多了解他们的私募股权投资基金，基金管理工作人员也可借此提升其机构的正面形象。

有些基金会进一步加大推广力度，雇用小众投行和小型中间人商行，询问符合其收购标准的私营企业的出售意向。针对这类服务，基金管理机构会支付月度服务费以及额外的成交费。另外，基金的目标公司的领导也会关注自身所属行业内是否有潜在的附加收购标的。商贸展、会议、机场偶遇等诸如此类的接触都可能促成交易。

推　荐

高级基金管理人员往往已有不少于 15 年的行业工作经验。在此期间，他们逐渐与大量可能推荐项目或交易机会的人建立起联系。这样的推荐人可能是公司的法律顾问、会计师、商业银行家、公司高管、商业咨询顾问、对冲基金经理、商业评估人员或创业者。在很多情况下，推荐人推荐的顶多是一个不成熟的想法，基金管理人员需要自己跟进，一探究竟。例如，一种典型的情况是：一位私募股权投资基金管理人员从一位律师那里听说一个家族企业正在考虑出售。他通过那位律师与该公司取得了联系，了解了相关情况。他对公司进行了实地拜访，见到了该家族的成员。他打电话、发邮件，跟进项目，一边获取更多信息，一边鼓吹与他的基金合作将如何大有裨益。他让基金的初级分析员对该公司进行建模、估值。如此这般来来回回 3 个月后，家族企业决定不再出售，基金管理人员所做的努力统统白费。尽管如此，对干这一行的人来说，在不靠谱的想法上浪费时间特别正常。即便事成的概率非常渺茫，基金管理人员也必须讨好推荐人。实际上，基金管理人员促成的大多数交易都来自推荐这一渠道。

投资银行推介卖方

数据显示，大部分拟出售公司都会聘请投资银行来协助自己完成并购。这样的拟出售公司可以分为以下几类：

- 创业公司。
- 家族企业。
- 私募股权投资基金的投资组合公司。
- 大型私营企业的某项业务。

- 上市公司的某项业务。
- 上市公司。

出售公司的理由纷繁各异。创业者可能想抽身进行新一轮创业，传承到第二代的家族企业可能面临没有子嗣愿意继承家业的窘境。私募股权投资基金同样在出售者之列，因为投资者希望基金在到期前处置投资组合内的公司。大型公司往往涉足多个行业，不同业务之间彼此独立、并不相干。公司管理层不时便会决定出售某些业务，将收入用于其他项目。此外，大型上市公司可能出于战略目的或股东利益而同意收购。

无论出售理由为何，拟出售公司的第一步往往都是聘请投资银行来管理漫长而艰辛的出售过程。完成尽职调查后，投资银行会准备一份信息备忘录，其中涵盖了有关卖方业务、运营状况以及财务情况的信息。接下来，投资银行会编撰一份潜在买家清单。对于一家中等规模的美国公司，清单中通常会有50~100名潜在买家。若拟出售公司符合杠杆收购标准，则该清单中会包含50~100只收购类似公司的杠杆收购基金。得益于这一买卖双方匹配流程，私募股权投资基金每周都会收到几次投资银行发来的问询，询问基金是否有兴趣收购其卖方客户。

项目筛选过程

基金管理人员在新业务拜访、推荐人和投资银行上下足功夫，会收获许多潜在交易机会。这些潜在交易机会必须经过筛选和调研，而这便是如前文提到过的雷·米勒一般的基金中层员工的一项重要工作。大多数项目机会只经过初步筛选——读读文件、打打电话，或者开个短会——就被淘汰了。交易流中，15%~20% 的项目机会需要深入评估。即每周有 10~15 个项目机会，其中只有 1~2 个需要基金管理人员下功夫跟进。基金管理人员通过获取数据和与卖方召开现场会议 ① 来判断卖方的业务、管理团队以及要价是否满足基金及出资人的要求，去芜存菁。一年间，基金会达成 15 个意向，其中 2~3 个交易成功（项目筛选过程见图 3-5）。

图 3-5　私募股权投资基金项目筛选过程

　　遗憾的是，基金管理人员寻找可行且高性价比的项目的过

---

① 私募股权投资基金会对标的公司进行现场调研，包括标的公司内部访谈及实地考察经营现场等。——译者注

程并非上文描述的那般简单重复。若一只基金对每起收购都出
最高价，投资者的钱很快就会被花光。大多数基金都采取细水
长流的策略，希望每年完成 2~3 起收购，在成立 3~4 年后完
成投资。投资组合中共有 10~12 家被收购企业。等到部分被
收购企业完成出售，基金管理机构便转而筹集新的基金。基金
管理机构的目标是同时运营多只基金，以此快速实现规模效益
（图 3–6）。

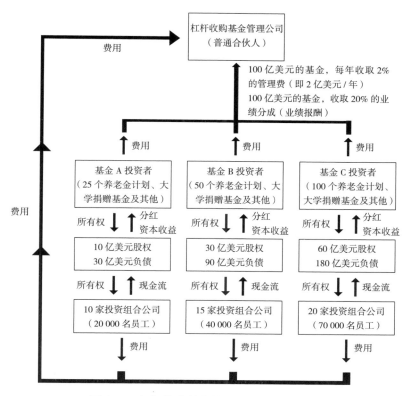

图 3-6　杠杆收购基金管理机构的经济情况

在私募股权投资基金生命周期的前几年，若基金管理机构（即普通合伙人）的报价总是被竞争者超越或者干脆找不到合适的项目，便会陷入艰难的处境。投资者希望出了钱便能看到交易成功，基金管理机构投出资金的压力日益增大。"高墙开始逼近，将你团团围住。"一位私募股权投资基金管理人员如是说。"有限合伙人（即机构投资者）开始抱怨：'你们怎么还没把钱投出去？'"基金管理人员难免会屈服于压力，开始做出妥协。基金开始报出更高的价格，或者承担比其在基金条款书中所描述的更高的风险，不再精挑细选。"这就像找对象。"一位基金管理人员这样解释，"如果你太挑剔，就永远也找不到出去约会的人。"

杠杆收购标的的估值

与目标公司或其投资银行（若有）交流几轮后，基金管理机构便集齐了足以提出合理报价的信息。估值手段极度依赖可比公司分析，即公开市场或并购市场中类似企业的定价[①]。这种信息在免费及付费数据库中很容易便可以找到。并购估值的过程类似

---

① 这里介绍的是相对估值法，其基本原理是以可比公司的价格为基础来评估目标公司的价值，计算公式为：目标公司价值＝目标公司某种指标 ×（可比公司价值／可比公司某种指标）。其中"可比公司价值／可比公司某种指标"被称为"倍数"，常用的倍数包括：市盈率倍数、息税前利润倍数、息税折旧摊销前利润倍数、市净率倍数、市销率倍数等。——译者注

房地产估价。例如，新泽西州蒙特克莱尔一间待售四居室的估价会参考同一社区中类似房屋的定价。若前一年类似房屋售价的中位数为100万美元，那么100万美元即为待售房屋的估价基准。房屋评估师会基于这个数字，根据待售房屋特有的定性和定量特质——比如，待售房屋比可比房屋的院子更大、洗手间更少或面积更大——对估价进行调整。公司不像房地产那般有较为统一的特质，因此公司估值参考的是以息税折旧摊销前利润（EBITDA）的倍数[①]的形式表现的可比公司定价。息税折旧摊销前利润是一个常用的会计术语，大致等同于经营性现金流入。

计算上述倍数的分子是目标公司的企业价值（enterprise value，EV），即目标公司的市值加上总负债再减去总现金。杠杆收购标的公司需要偿还收购借款，其息税折旧摊销前利润一定为正。因此企业价值倍数是并购中绕不开的指标，比市盈率、市净率和企业价值收入倍数（EV/revenue ratio）等其他财务报告中会用到的价值比都要常见。为便于阐述，假设某收购标的的年息税折旧摊销前利润为1 000万美元，没有负债，也没有现金。可比上市公司的定价中位数为7倍企业价值倍数，可比并购交易的价格中位数为9倍企业价值倍数。则基金管理机构的初始报价为8倍企业价值倍数（即8 000万美元），因为卖方肯定也掌握了类似交易的价格信息。卖方（或卖方的投行）收到初始报价后，可

---

① 即企业价值倍数（EV/EBITDA）。——译者注

能会这样回复："但是并购交易的价格中位数是 9 倍企业价值倍数，你能接受 9 倍企业价值倍数的定价吗？"对买方来说，从明显偏低的价格起报，比如 6 倍企业价值倍数，是没有意义的。因为那样的话卖方就会直接跳过它，转向出价更合理的买家——在地产市场，许多购房者都有过类似的遭遇。"息税折旧摊销前利润超过 200 万美元的美国公司都十分抢手。"一位基金管理人员如是说，"你是捡不到漏的。"

2016—2019 年，杠杆收购标的公司的定价情况如图 3-7 所示。

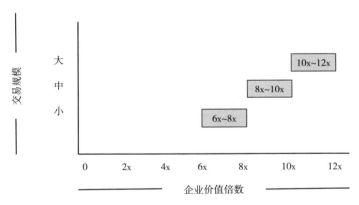

图 3-7 2016—2019 年杠杆收购标的公司的定价情况

持有、控制与出售阶段

一旦卖方接受报价，杠杆基金便会对收购标的开展详尽的尽职调查、完成举债、完善相关法律文书，并着手制订被收购公司的未来运营计划。前并购交易基金管理人兼咨询公司 Bancroft Group 的创始人迈克·加夫尼（Mike Gaffney）指出，交易一旦完成，便进入"持有并增值阶段 ¹⁴"。接下来的 5 年间，基金着力提升目标公司的收入与利润率，偿付部分收购债务，并准备好将目标公司再次出售。这期间的现金流动循环（cash flow cycle）如图 3-8 所示。

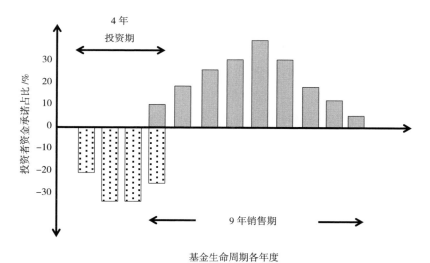

图 3-8　投资回报率为 150% 的 12 年期典型私募股权投资基金的年现金流

与创业投资不同的是，许多创业投资的被投公司都还在亏损，而杠杆收购标的公司不仅已经实现赢利，而且已经赢利很多年了。否则，出资人也不会涉足交易。杠杆收购基金管理机构会对被收购公司提出运营方面的建议，但这些建议不会引发重大变革。基金管理机构顶多期望通过微调来提升被收购公司的收益，以及通过附加型收购（add-on acquisition）来增加被收购公司的收入。

私募股权的拥趸常常称私募股权投资基金会收购效益欠佳的公司再对其进行改进。正如《哈佛商业评论》(*Harvard Business Review*)中的一篇文章所述:"私募股权之所以能够快速发展并取得高额回报,其根本原因并未得到重视。这或许是因为它太过显而易见——基金以常规操作收购公司,指导其快速提升效益,再将其出售。[15]"这样的叙述夸大了事实。绝大多数杠杆收购潜在标的都有着不错的效益,已经按其既有运营模式赢利许久。

做个简单的数学计算便可以发现,杠杆收购基金不可能在改善投资组合公司的运营上投入很多。举个例子,私募股权投资基金以 8 000 万美元新收购了一家公司,其年营业现金流量(operating cash flow)为 1 000 万美元,年偿债性支出(debt service payment)则可能达 700 万美元。这样每年顶多有近 300 万美元可用于改善运营。区区 300 万美元的资本支出很难实现私募股权营销推广时宣称的那般对被收购公司进行大刀阔斧的改革。"私募股权原则上不会对短期内没有回报的事情投入大量资本。"赛捷咨询(Sage Consulting)创始人、遭杠杆收购的零售商尼曼公司(Neiman Marcus)的前高管史蒂夫·丹尼斯(Steve Dennis)如是说[16]。

杠杆收购过程与选股之比较

寻找收购标的、进行调研、完成并购交易是一项艰苦的工作，基金管理人员需要具备高超的分析技能与金融专业知识。从细节角度看，私募股权投资基金选择收购标的的过程与共同基金管理机构选股的过程十分相似。两种基金都宣称自己采用了系统的分析方法来决定哪些机会（对私募股权投资基金来说是收购标的，对共同基金来说则是公开上市的股票）收益率更高。在决策过程中，两种基金都需要放弃许多潜在机会。例如，专注中型企业的共同基金可能有 1 000 只符合要求的备选股票。而经过系统的分析，最终被选中纳入投资组合的可能只有 50 只。

相比之下，杠杆收购基金管理机构面对的潜在收购标的规模跟共同基金的不是一个数量级。首先，在美国，每年都会有 1 万 ~ 1.5 万起并购以及同等数量的类似交易，其中约 20% 符合杠杆收购的要求。因此杠杆收购基金的初始潜在收购标的为数众多，可达数千个。考虑公司规模、所属行业以及地域等偏好后，杠杆收购基金会将备选标的数量缩减至数百个，每年会从中诞生 2~3 起交易。

诚然，私募股权投资基金管理机构持有投资组合公司 100% 的股权，指导被收购公司的运营。这样的控制权意味着私募股权投资基金管理机构在被收购公司的运营上所花费的心力一定会比仅持有百分之几的股份、只有被动所有权的共同基金要高。尽管如此，我还是认为拥有 10~12 家被收购公司的杠杆收购基金与高集中度、投资组合内只有约 15 只股票的共同基金具有可比性。原因在于，我认为杠杆收购基金对被收购公司的控制，或者说指导，难以左右大局（图3-9）。

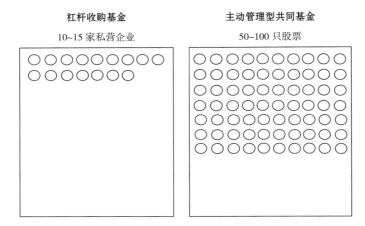

图3-9　杠杆收购基金与共同基金

本章小结

杠杆收购基金的投资回报显示出一种随机性。考虑到21世纪头10年间基金数量之激增、对项目机会的争抢之激烈，以及快速设立多只基金对基金管理机构的经济效益之利好，可能绝大多数基金管理机构已经抛弃了本书介绍的系统科学的工作方法。机构投资者希望杠杆收购基金管理机构专精覃思、审慎考虑后再决定是否收购一家公司。然而实际情况却是，基金管理机构采取了"广撒网，撞大运"的战术——它们也不知道该收购哪家公司，于是便像赌博一样押注10~12家公司，希望能押中几家。若非如此，该如何解释绿色股权投资者Ⅷ期杠杆收购基金在短短2

年内便收购了 40 家公司？速度如此之快，怎么可能做到对收购标的精挑细选？我们将通过梳理杠杆收购基金的投资回报情况，来揭示私募股权行业的真实效能。

第四章

欠佳的投资表现

　　杠杆收购行业营销宣传的重点——也即其存在的理由——是杠杆收购的投资回报率高于公开交易的股票。像全球资管公司汉领资本（Hamilton Lane）首席执行官马里奥·詹尼尼（Mario Giannini）这样的言论并不鲜见——"私募股权的投资表现超过了其他所有资产类型，并且这一成绩已经保持了很久[1]"。然而，此番言论与事实并不相符。

　　私募股权行业必须维持自己立下的"高投资收益"人设才能存续，否则理性人为何要在杠杆收购基金与公开交易的股票投资组合中选择前者？杠杆收购基金封闭期长达 10 年，费用高昂，公允价值计量方法含混不清。杠杆收购基金的投资标的并不在股票交易市场公开交易，投资者得等到近 90% 的投资资产都被售出之后才能较为明确地知晓基金的投资收益。相比之下，公开交易的股票具有即时流动性——投资者可以在任何时候以明确的价格将其出售。另外，较之并购基金，公共指数基金收取的费用要低一大截。这意味着买入公共指数基金会有更多的资金用于投资本身。

　　过去 10 年间，行业观察人士发表了数项与此相关的独立调研。2020 年年初，美国顶级管理咨询公司之一的贝恩咨询公司（Bain & Company，与贝恩资本无关联）发表的一项研究称，过去 10 年间私募股权投资基金的业绩表现不如广义股票市场[2]。

1 400 亿美元的全球资产管理公司 AQR Capital Management 的三位高管在《另类投资杂志》（*Journal of Alternative Investments*）中对这一结论表示认同 [3]。弗吉尼亚大学（University of Virginia）、牛津大学（Oxford University）等知名学府的金融学教授同样得出了类似的结论，指出数只基金的业绩自 2006 年起便不如大盘，在 2006 年之前也只是勉强跑赢公开市场 [4]。2018 年和 2019 年，首个参与杠杆收购（最早可追溯至 20 世纪 80 年代）的大型机构——俄勒冈州养老金计划——回顾了其私募股权投资收益情况，结果与前述研究结果相吻合 [5]。

公平起见，我要提及金融学教授格雷戈里·布朗（Gregory Brown）和史蒂文·卡普兰（Steven Kaplan）在 2019 年发表的论文《私募股权的投资收益是否真的在降低？》（*Have Private Equity Returns Really Declined?*）中提出的不同观点 [6]。他们指出，私募股权投资基金行业的投资收益高于摩根士丹利资本国际全球指数（Morgan Stanley Capital International All Country World Index，MSCI ACWI）。摩根士丹利资本国际全球指数常被用作全球的股权投资组合的业绩比较基准，但对由美国公司构成的股权投资组合来说并不适用。众所周知，美国的私募股权投资基金更适合与专注美国公司的标普 500 指数相比较。这也是为什么较之摩根士丹利资本国际全球指数，标普 500 指数更常被用作美国私募股权投资基金的业绩比较基准。此外，过去 10 年间，摩根士丹利资本国际全球指数的业绩远不如标普 500 指数。因此，格雷戈里·布朗和史蒂文·卡普兰这两位教授的研究往好了说是判断错误，往坏了说就是纯粹的误导。他们为私募股权所做的辩护就好比通过移动球门的位置来制造进球。耐人寻味的是，对于这些围绕私募股权投资基金投资表现欠佳的调研，私募股权行业并没有进行有力的辩驳。也是，何必呢？即便负面的研究结果不断涌现，私募股权投资基金依旧募集到了数以百亿美元计的资金。

20世纪80年代和90年代

私募股权在20世纪80年代和90年代的业绩表现为其在21世纪不断宣扬的"高收益"论调奠定了基础。然而，私募股权在20世纪80年代的优秀业绩是基于只能代表少数几种基金的微量数据得出的。20世纪80年代，有几只私募股权投资基金的业绩非常好，但行业的整体表现被雷诺兹-纳贝斯克公司收购案的平庸收益拖累了。其中一个例子是，俄勒冈州养老金计划在1981—1986年的资本承诺实现的年收益率中位数为26%，但到了1987—1989年，纳入雷诺兹-纳贝斯克公司收购案后，其资本承诺实现的年收益率中位数仅有9%[7]。20世纪90年代则是私募股权行业的黄金期，其业绩显著高于股市。

21世纪初

21世纪初，形势看起来还不错，但隐患业已显现。高盛2001年11月发布的一项预测性调研报告称："现有数据显示，私募股权的平均收益可能无法超越公开交易股票的长期收益平均值……15%~20% 的基金管理机构的内部收益率（internal rates of return，IRR）最终为零或负值。[8]"高盛在很大程度上印证了自己的观点。报告发布后，其设立的 3 只杠杆收购基金中只有 1 只跑赢了标普 500 指数。2005 年之后，无论选取什么样的时段，只要是以批判的方式对私募股权行业的业绩表现进行审查，你都能发现它没能超越股市。

换句话说，万亿美元规模的私募股权行业在营销时大肆宣扬的优异表现乃是基于其精挑细选的 10~12 年的历史业绩。而那段时期距今已逾 15 年，在金融圈就像好几辈子那么久远了。此外，私募股权行业在其与公开市场的收益比较中，没有对投资者在 10 年封闭期内的流动性不足做出补偿。若像众多专家推荐的那样为投资者损失的流动性多实现 3% 的超额收益作为弥补，那么杠杆收购行业存在的理由几乎要站不住脚了。

为什么私募股权行业表现不佳的事实没有得到更加广泛的宣扬？近 20 年来，绝大多数商业媒体都在自行限制与杠杆收购行业的业绩宣传唱反调的调研。2020 年 2 月,《金融时报》（Financial Times）的乔纳森·福特（Jonathan Ford）成了主流媒体报道私募股权行业投资回报低迷的首个典型[9]。在他之后，美国数字新闻网站 Axios.com 的商业编辑丹·普里马克（Dan Primack）发表了一篇类似的文章[10]。然而，这两篇文章发表后，后续报道寥寥无几。很快，私募股权行业业绩不佳这一事实便淡出了人们的视野。

商业记者不愿报道私募股权投资基金收益相关的选题是情有可原的。对投资收益进行调研意味着要取得令人信服的数据，理解复杂的金融术语，辨识存疑的价值主张。处理数据对受过训练的从业者来说都十分困难，对不具备强大的定量分析技能的商业记者来说更是一项艰巨的挑战。多年来，我帮助多位记者厘清了围绕机构投资核算情况的海量数据与假设，其中之一便是协助《休斯敦纪事报》（*Houston Chronicle*）解读知名捐赠基金得克萨斯州永久学校基金（Texas Permanent School Fund）的一份年报。该年报长达 152 页，里面充斥着以类似法律文书的风格写就的空话、数字和图表，可读性极差[11]。关于投资组合的构成、各个时期的投资收益率，以及固定费率的信息散落在年报各处，有的甚至隐藏在含混不清的脚注中。记者向捐赠基金理事会成员提出的问题要么得不到回应，要么得到的回答十分敷衍。4 个月间，3 名记者翻遍了当年及以前年度的年报。这便是他们的雇主能够为报道投入的大部分资源了。绝大多数媒体都不愿在有关机构投资回报的报道上投入这等精力。

未售出的私募股权投资基金资产

首先，我要透露一个鲜少公开但十分耐人寻味的事实——2006 年以来，私募股权收购的资产中，有约 56% 尚未售出。统计数据还显示，2009 年以来，私募股权收购的资产中，有 68% 尚未售出，仍然由私募股权投资基金持有。这与私募股权行业声称持有资产 3~5 年即售出的目标相差甚远。没错，那些绝妙的、据说可以带来巨大收益的交易要么无人问津，要么买家报价不合理。因此，投资者披露的投资回报在很大程度上都来自基金管理机构的猜测，来自它们自认为被收购的资产可以卖到的价格。举例而言，2013 年俄勒冈州养老金计划在数只杠杆收购基金上共计做出了 15 亿美元的资本承诺。接下来的 5 年间，几只杠杆收购基金将资金悉数投出。到了 2020 年，这几只基金披露的年化收益率高达 15.3%，表现十分优异。然而，俄勒冈州养老金计划实际只收到了 7.56 亿美元的投资收益。其余约三分之二的收益，即 15.33 亿美元，对应的都是尚未售出的资产（图 4–1）。

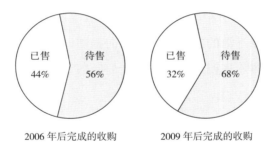

图 4-1　尚未售出的公司在投资组合中的占比

来源：康桥汇世（Cambridge Associates）。

　　若基金以 1 亿美元的价格收购目标公司的股权，5 年后基金经评估认定该股权头寸达 1.5 亿美元，则其中暗含 5 000 万美元的收益（1.5 亿美元 –1 亿美元 =5 000 万美元）。根据定义，即便这 5 000 万美元的收益尚未实现，即便它可能只是基金管理机构信誓旦旦却无法兑现的承诺，它都算作未售出的投资组合收益。

私募股权漫长的持有期正应了并购行业的那句格言——"买起来容易，卖起来难"（Buying is easy, selling is hard）。过去 10 年间，争夺项目的竞争太过激烈，基金不得不降低标准，收购 20 年前它们不会考虑的标的。"这些交易中，有许多打一开始就不该买。"在 3 家基金管理机构担任运营管理人员的丹·伊尔塞维奇（Dan Ilsevitch）如是说 [12]。于是，当今的私募股权投资基金有不少都得延长自己的 10 年封闭期，为售出投资组合内的资产多争取些时间。

投资组合的估值常常会被纳入合计数进行广泛披露，但在基金层面这些估值并未经第三方仔细审核。如此这般的估值不仅影响本期收益率计算的准确度，也导致推动了私募股权行业发展的历史业绩分析有所歪曲。对私募股权投资基金的本期和历史收益的评估都严重依赖基金内部对投资组合公司的估值。我认为，这就好比让一个 8 岁的小孩自己批改自己写的作业。如果你秉持怀疑的态度，认为基金管理机构在审视自己的投资组合时都会戴上一层玫瑰色的滤镜，那么私募股权投资基金对自己本期收益的评估肯定是过于乐观的。基金将所有资产都出售完毕后，才能对其业绩做出真实且准确的评判。

数据服务仅覆盖 60% 的私募股权投资基金

有 5 家数据服务机构对私募股权行业的整体业绩表现进行

评判——睿勤、Pitchbook、康桥汇世、Burgiss，以及汤森路透
（Thomson Reuters）[①]。这些数据服务机构从私募股权投资基金管理
机构、一些特殊合伙人，以及州立与市级养老金计划依《美国信
息自由法案》（*Freedom of Information Act filings*）要求填报的表
格那里获取数据。私募股权投资基金管理机构以自愿原则选择是
否向数据服务机构提供数据，很多基金管理机构都选择不披露。
数据服务机构尽己所能收集了约 60% 的私募股权投资基金的数
据，但其余的数据不得而知。简而言之，私募股权投资基金行
业、数据服务机构，以及其他行业观察人士公布的私募股权投资
基金整体业绩数据彼此相去甚远。

　　接下来的问题是：这 40% 不披露数据的基金的业绩表现在
行业内处于平均水平之上还是之下？由于私募股权的私密性较
强，这个问题很难回答。许多基金认为，向数据服务机构提供自
己的业绩表现数据并允许其对外公开于己无利。表现上佳的基金
可能已经拥有了稳定的投资者群体，无所谓自己是否取得了在
Pitchbook 上排到一个好名次这样的认可。而表现平庸的基金可
能想将自己的业绩保密，这样它们便保有了对外粉饰的空间。这
是说得通的。将信息提交给数据服务机构意味着要接受公众的审
查。如此一来，表现平庸的基金便失去了向外界展示于己有利的
业绩的机会。例如，如果不向睿勤提供数据，表现平庸的基金便

---

① 　也是私募股权相关常用的数据库。——译者注

可自行统计数据，对外宣称"是的，我们的业绩位列所有基金的前 25% 分位，属于第一梯队"。

　　基金管理机构如此这般自我评价给不明就里的投资者造成的危害不言自明。伯尼·麦道夫（Bernie Madoff）丑闻 [1] 就是一个很好的例子。麦道夫对外宣称的投资收益要比业绩比较基准高许多，但多年来该数据并未经第三方验证。

　　此外，私募股权投资基金的整体业绩表现数据没有针对幸存者偏差做出调整。许多投资者都依赖私募股权数据服务机构计算的业绩表现，但其中并不包含已经关闭或停止披露业绩的基金。一个合理的推断是这些未被包含在内的基金其业绩表现不尽如人意。也就是说，尽管未考虑幸存者偏差造成的影响无法精准估量，数据服务机构公布的业绩表现较之实际情况应该是夸大了的。

一年期收益

　　与长期表现相对，私募股权行业的逐年收益同样问题多多。睿勤数据库就是一个很好的例子。睿勤会收集数百只基金的数

---

[1]　伯尼·麦道夫是华尔街传奇人物，曾任纳斯达克交易所主席，但之后被自己的两个儿子告发，炮制了美国金融史上最大的庞氏骗局。他从不说明自己的投资方法，也不解释自己如何利用投资者的资金获得回报。实际上，其所谓的"投资"就是将新投资者的钱支付给老投资者。——译者注

据，以计算私募股权行业各年的业绩表现（即分红与未实现资本收益之和）。睿勤拥有过去16年的行业数据。假设这16年中每一年的一年期收益率的计算结果都是正确的，则可据此计算出私募股权行业在过去16年的累计收益率。照此方法计算，私募股权行业在过去16年的累计收益率高达7倍多。这一数字意味着，若投资者投资了一组业绩表现具有代表性的杠杆收购基金，则其年复合收益率可达17%，相当于在2004年1月1日投资1 000美元，等到2019年这笔投资便超过1万美元。然而，这一基于16个一年期收益率计算出来的结果比单独公开的杠杆收购基金在过去16年的累计收益率要高得多。因此，披露的数据乃至披露投资期限收益率的整个系统都可能存在问题（表4-1）。

表 4-1　美国私募股权投资基金一年期收益率

投资期限	收益率 /%
一年期，截至 2004 年 12 月	29
一年期，截至 2005 年 12 月	38
一年期，截至 2006 年 12 月	31
一年期，截至 2007 年 12 月	25
一年期，截至 2008 年 12 月	−30
一年期，截至 2009 年 12 月	15
一年期，截至 2010 年 12 月	21
一年期，截至 2011 年 12 月	9
一年期，截至 2012 年 12 月	15

续表

投资期限	收益率 /%
一年期，截至 2013 年 12 月	20
一年期，截至 2014 年 12 月	15
一年期，截至 2015 年 12 月	15
一年期，截至 2016 年 12 月	13
一年期，截至 2017 年 12 月	21
一年期，截至 2018 年 12 月	13
一年期，截至 2019 年 12 月	20
累计收益率	991
年复合收益率	17

来源：睿勤、康桥汇世。

注：本书所用数据来自睿勤、Pitchbook、康桥汇世等付费私募股权数据库。该数据并非静态，或随统计资料的变化（如数据库内新增了信息）而变化。本书所用数据均为撰写本书期间能取得的最新数据。该数据无法以作者、文献标题或网页链接等维度引用。

上述内部收益率数据未考虑基金利用贷款、投资者的现金于银行内闲置、各基金投资的起始年份差异、数据服务机构未能涵盖的那 40% 的基金，以及存在尚未售出的杠杆收购标的的情况。上述内部收益率基于"基金对其未售出的资产的估值是准确的"这一假设得出。

并购投资收益与贷款

贷款是私募股权投资基金用来粉饰业绩的金融工程小花招。

利用贷款可以人为缩短基金对被收购公司的持有期，这样计算出来的内部收益率会更好看。而内部收益率正是许多大型数据服务机构都会披露的数据。那么，这个小花招是如何诞生的呢？随着私募股权投资基金行业的发展壮大，私募股权投资基金具备了以自身赢利能力获得贷款的能力。它们以自身的财务状况以及机构投资者预期做出的资本承诺向银行贷款。最初，基金只用贷款满足其短期资金需求，这样它们就无须频频向投资者提出缴款要求了。例如，原先投资者每个月都需要缴款。有了贷款后，投资者只需每 3 个月缴款一次即可[13]。渐渐地，这项操作变了味，变成了操纵收益。私募股权投资基金在投资者的资金到位前很久便着手收购公司。数据服务机构没有开发能够跟踪基金的贷款使用情况及其对基金收益产生影响的功能。

举个例子：一只私募股权投资基金在 3 月贷款收购了一家公司，但直到 9 月才要求其投资者给付所需的股本资金，这样就制造出了 6 个月的延迟。若 3 年后基金出售该公司，那么在使用了贷款的情况下计算出的该项目的内部收益率要比没使用贷款的高出好几个百分点。这是在统计上耍小花招，就像剔除不死三振以将棒球选手的打击率从 0.260 提升至 0.290 那样[①]。

利用贷款粉饰一项交易的收益似乎不是什么大事，可如果一

①　打击率是棒球运动中评判打击手成绩的重要指标，其计算方式为用选手击出的安打数除以打数。一般而言，职棒选手的打击率在 0.280 以上则被认为是一个称职的打者，若在 0.300 以上则是一个优秀的打者。——译者注

只基金在多个交易上都这样操作（且该基金的投资组合整体表现不错），那么在贷款的加持下该基金的收益将远超常设为 8% 的门槛收益率，使得基金管理机构可以参与收益分配（即取得业绩报酬）。此外，在重要的四分位排名上，利用贷款的基金也更具优势。结果便是，基金越来越依赖贷款，上演了一场恶性竞争（图 4-2）。

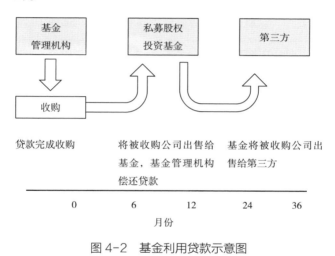

图 4-2　基金利用贷款示意图

著名投资家沃伦·巴菲特在伯克希尔·哈撒韦公司（Berkshire Hathaway）2019 年 5 月召开的股东大会上谈到了私募股权行业的另一种性质相同方式却稍有不同的操作，对该行业以此粉饰业绩的行为进行了评价——有些私募股权投资基金管理机构在收取管理费时会算上购买了短期无息国库券的闲置资金，而在计算所谓的内部收益率时却将其排除在外。"它并不像看上去那般光鲜。"巴菲特如是说[14]。

四分位排名位列前 25% 分位

众所周知，在同类基金中，业绩排在四分位排名的前 25% 分位的私募股权投资基金可以为投资者取得远高于股市的收益（表 4-2）。因此，私募股权投资基金哭着喊着也要让自己排进前 25% 分位以保证下一期基金筹资成功。

表 4-2　私募股权投资基金的四分位排名及比较收益

四分位排名	比较收益
第一梯队	收益远高于标普 500 指数
第二梯队	收益略高于标普 500 指数
第三梯队	收益略低于标普 500 指数
第四梯队	收益远低于标普 500 指数

标榜自己的排进了前 25% 分位的基金数量猛增，促使多位学者开始审查私募股权投资基金的排名过程是否严谨。他们发表了诸如《排进四分位排名前 25% 分位的私募股权投资基金是否过多？》（*Are Too Many Private Equity Funds Top Quartile?*）以及《排进四分位排名的前 25% 分位并不能说明什么》（*Top Quartile Status Doesn't Tell Us Much*）这样的文章。学者们发现私募股权投资基金行业缺乏可靠的数据与规范的评估流程。通过选择于己最有利的数据库（睿勤、Pitchbook、汤森路透、Burgiss 或康桥汇世）以及选用相似但并不相同的项目起始时点计算方法，高达 77%（而非 25%）的基金都可以说自己排进了前 25% 分位[15]。盖瑞森·凯

勒（Garrison Keillor）虚构的"小孩都在平均水平之上"的小镇乌比冈湖（Lake Wobegon）① 在杠杆收购基金行业成为现实。

　　某基金会的理事会成员这样跟我评价私募股权投资基金混乱的四分位排名："在四分位排名这件事上，所有人都能以于己有利的方式对数据进行解读。我觉得很神奇，居然就没有更严谨一点的信息了。"私募股权行业中，面向有限合伙人的同业协会——"机构有限合伙人协会"（Institutional Limited Partners Association，ILPA）——建议设立更加严谨的排名方法。然而，该协会并没有强制实施建议的权力。

衡量杠杆收购基金业绩的数值指标

　　既然现有数据存在局限性，本章的余下部分将聚焦衡量杠杆收购基金业绩的数值指标。杠杆收购基金流动性较差，基金管理机构又能左右基金现金流的流入与流出，因此很难选出一个最佳的衡量指标。学界、业内人士以及数据服务机构会用到六七种指标，其中最常用的是内部收益率（IRR）、卡普兰 – 索尔公开市

---

① 美国幽默作家盖瑞森·凯勒主持的一档广播节目中有一个很受欢迎的单元，由主持人报道一周以来他虚构出来的故乡"乌比冈湖"都发生了哪些趣事。虚构的"乌比冈湖"是一个位于美国中部的小镇，镇子上"女人都很强，男人都长得不错，小孩都在平均水平之上"（all the women are strong, all the men are good-looking, and all the children are above average）。——译者注

场等价物（Kaplan–Schoar Public Market Equivalent，KS–PME）和
总收益倍数（total value to paid–in，TVPI）。

内部收益率

内部收益率衡量的是基金的年化收益率。非金融专业人士可
以将其简单类比为报纸和商业网站上常常出现的债券收益[1]来理
解。举例而言，若某一债券收益为5%，则债券的未来现金流需要
打上5%的折扣才等于其当前购买价格。类似地，要计算杠杆收
购基金的内部收益率，首先要梳理该基金历史现金流的时间分布，
然后才能算出在多大的折扣下该基金的未来现金流才能与其初始
投资金额相等。内部收益率的计算基于"未售出的资产的确具有
基金管理机构分摊至其上的价值，并且它们将在计算内部收益率
时设定的投资期限的最后一天被售出"这一前提假设（图4-3）。

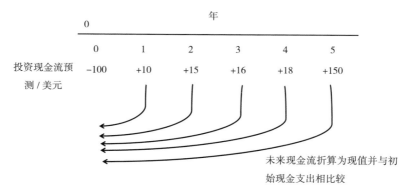

图4-3　现金流折现

对于杠杆收购基金，内部收益率的优点是易于比较。对债券、股票、私募股权以及地产等不同类型资产的内部收益率进行比较非常简便。而从投资者的角度看，内部收益率的不足之处在于其易遭操控。基金管理机构可以故意将售出资产的时间点安排在基金生命周期的前期。这样可以人为提高内部收益率，不过可能需要牺牲该基金全生命周期的现金赢利总额作为代价。一些研究人员暗示私募股权投资基金有时会提早售出收益高的资产，以此彰显其未来收益并为下一期基金的推广造势做铺垫。

内部收益率的另一个不足在于其隐含了"前期取得的现金流能以内部收益率再次投出"这一假设。很多人认为，如果人为操纵基金生命周期前期的现金流，导致内部收益率偏高，那么整个计算都是有瑕疵的，这一点对私募股权投资基金这样的长期资产来说尤为突出。阿波罗全球管理公司的莱昂·布莱克（Leon Black）[①]指出，自 1990 年成立以来，阿波罗全球管理公司的私募股权投资基金为投资者实现了 24% 的净内部收益率（net-to-investor of IRR）[16]。这样严密的计算或许是精确的，但看起来似乎有些误导性。因为按照这个数据，若投资者在 1990 年投入 100 万美元，等到 2020 年这笔投资将变成 13 亿美元。

表 4-3 列出了截至 2020 年 6 月 30 日杠杆收购基金与股票公

[①] 莱昂·布莱克是 1990 年成立的私募巨头阿波罗全球管理公司的创始人之一。——译者注

开市场的内部收益率。其中私募股权的业绩数据为 2021 年年初
取得的数据。

表 4-3　美国私募股权投资基金与标普 500 指数内部收益率比较
（截至 2020 年 6 月 30 日）

项目	内部收益率或年化百分比 /%			
	1 年期	3 年期	5 年期	10 年期
私募股权投资基金	（0.5）	9.9	11.8	13.9
标普 500 指数	7.5	10.7	10.8	14.0
公开市场超额收益	8.0	0.8	(1.0)	0.1

来源：Pitchbook。

注：上述私募股权投资基金内部收益率数据未考虑基金利用贷款、投资者
的现金于银行内闲置、各基金投资的起始年份差异、数据服务机构未能涵
盖的那 40% 的基金，以及存在尚未售出的杠杆收购标的的情况。上述私募
股权投资基金内部收益率基于"基金对其未售出的资产的估值是准确的"
这一假设得出，且未在计算中针对私募股权投资基金流动性较差这一特性
做出弥补。截至 2020 年 6 月 30 日的私募股权投资基金数据于 2021 年 1 月
5 日取得。

卡普兰 – 索尔公开市场等价物

公开市场等价物（public market equivalent，PME）是用来比
较私募股权与公开市场股票指数业绩的一种衡量指标[17]。卡普
兰 – 索尔公开市场等价物则是芝加哥大学金融学教授史蒂文·卡

普兰（Steven Kaplan）与麻省理工学院金融学教授安托瓦内特·索尔（Antoinette Scholar）共同设计的一项十分精妙的指标。卡普兰－索尔公开市场等价物改进了既存的2种公开市场等价物指标，并通过从私募股权的现金流中减去股票市场指数价值这一做法弥补了内部收益率的部分局限性。简而言之，股票市场的贴现价值为1.0，卡普兰－索尔公开市场等价物指标大于1.0的私募股权投资基金的投资表现优于股市。例如，若一只10年期基金的卡普兰－索尔公开市场等价物指标为1.1，则较之买入标普500指数，投资该基金可以多取得10%的收益。卡普兰－索尔公开市场等价物的计算基于私募股权投资基金的起始年份，即该基金着手进行投资的年份。卡普兰－索尔公开市场等价物的主要缺点在于该指标不考虑现金流的时间分布，因此，没有给予投资者偏好的尽早支付应有的倾斜。除此之外，卡普兰－索尔公开市场等价物还有其他短板。

业内人士常常将杠杆收购基金的投资收益与标普500指数相比较，而标普500指数被认为能够代表美国广义股票市场。标普500指数被用作私募股权投资基金的业绩比较基准时有几个缺陷。其一，标普500指数包含超大型公司，而杠杆收购目标公司的规模都要小一些。其二，标普500指数的收益受到表现优异的高科技公司的业绩影响，有所失真。其三，绝大多数标普500指数成分股公司都不符合杠杆收购的要求。其四，卡普兰－索尔公开市场等价物没有针对杠杆收购基金长达10年的封闭期做出负向调整（即为弥补流动性不足而加上内部收益率溢价）。但在作比较时，谨小慎微的机构投资者会在标普 500 指数的业绩上再加上 3% 的年溢价，作为对杠杆收购基金缺乏流动性的补偿。这样一来，与标普 500 指数相比，私募股权投资基金就没有任何优势了。众多观察人士，包括我自己，都针对上述因素对公开市场等价物指标进行过调整，然而它们都没能像卡普兰 – 索尔公开市场等价物那般得到广泛认可。即便卡普兰 – 索尔公开市场等价物的计算逻辑于私募股权投资基金行业有利，私募股权投资基金的业绩表现依旧并不亮眼（表 4-4）。

表 4-4　卡普兰 – 索尔公开市场等价物得分

基金起始年份	卡普兰 – 索尔公开市场等价物得分
2005 年	1.2
2006 年	1.1
2007 年	1.1
2008 年	1.0
2009 年	1.2
2010 年	1.2
2011 年	1.3
2012 年	1.3
2013 年	1.3
2014 年	1.3
2015 年	1.3
2016 年	1.1

基金起始年份	卡普兰－索尔公开市场等价物得分
2017 年	1.3
2018 年	1.0
2019 年	1.0

来源：睿勤。

注：得分 >1.0 意味着该年度杠杆基金的收益跑赢了标普 500 指数。

总收益倍数

第 3 种重要的衡量指标为总收益倍数。"总收益"指的是已给付投资者的分红与计算指标时尚未售出的被收购公司的估值之和 [①]。用总收益除以投资者已向基金缴款金额总和（即实缴出资额）则得到总收益倍数。若总收益倍数大于 1.0，说明基金的总收益大于投入的资本，基金赢利。若总收益倍数小于 1.0，则基金亏损。由于总收益倍数难以被人为操纵，它是我最喜欢用的指标。

总收益倍数最大的优点是原理简单、易于理解。而它最大的劣势——正如安迈企业顾问公司（Alvarez & Marsal）高级总监安东内拉·普佳（Antonella Puca）所述，"在于该指标未考虑现金流的时间分布。一个关键的问题是，基金究竟为投资者创造了多

---

① 即资产净值。——译者注

少价值。其中包括尚未实现的部分，也是计算指标时基金投资组合中仍持有的资产的合理价值。若总收益倍数为 1.3，则基于当前的投资评估，基金已经为投资者投入的每 1 美元创造了 30 美分的收益。然而，总收益倍数无从得知投资者何时才能取得这笔收益、基金需要花费多长时间才能创造出这 30 美分的收益，以及基金的年化收益率是多少[18]"。

咨询公司卡兰（Callan Associates）指出："绝大多数私募股权投资基金管理机构都声称自己在努力实现 2.0 的总收益倍数。"这相当于基金初始投资的 2 倍。不过基金管理机构基本没能实现这个目标[19]。过去 15 年间，加利福尼亚州的巨型州立养老基金——加州公共雇员退休基金（CalPERS）——持有的私募股权投资基金的总收益倍数平均值达到了 1.5，而北卡罗来纳州养老基金的总收益倍数为 1.4。

一个将内部收益率转化为总收益倍数的示例是假设基金投资组合公司的持有期平均为 5 年，以及基金的年收益率为 15%。基于这两个假设计算出的总收益倍数为 2.0。举例而言，俄勒冈州养老金计划颇具规模的私募股权投资组合在 1981 年年初到 2004 年的总收益倍数为 2.0，2004 年后，再没有哪一年的总收益倍数能达到 2.0，而过去 15 年间的总收益倍数平均值为 1.5。由于私募股权投资基金对投资组合公司的持有期已经悄然涨至 5 年半，这 1.5 的总收益倍数平均值对应的内部投资收益率为 7.6。这样的业绩可不像私募股权行业对外宣称的那般优异（表 4-5）。

表 4-5　俄勒冈州养老金计划——所选期间基于私募股权初始年份
的总收益倍数平均值

年份	2005—2019 年	2010—2019 年	2015—2019 年	2010—2014 年	2005—2009 年
持有期	15 年	10 年	5 年	5 年	5 年
总收益倍数平均值	1.5	1.5	1.2	1.7	1.5

来源：俄勒冈州养老金计划，《私募股权评论》（*Private Equity Reviews*），
2018，2019。

注：上述数据基于"私募股权对尚未售出的投资组合公司的估值是准确的"
这一假设。若总收益倍数 >1.0，则基金实现年赢利。

　　另一种分析总收益倍数的方法是研究私募股权数据服务机构
提供的基于初始年份的私募股权行业合计数。其结果与俄勒冈州
养老金计划的类似（图 4-4）。

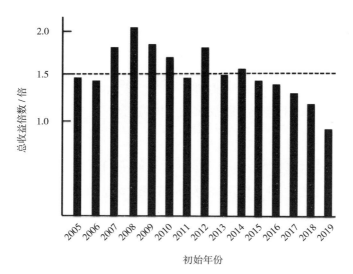

图 4-4　私募股权投资基金总收益倍数

私募股权投资基金行业跑赢股市的策略

私募股权投资基金行业主要采用 4 种可能助其跑赢股市的策略。

利用高杠杆

加杠杆（即利用负债）能够放大股权投资收益，但在出现亏损时也会导致损失增加。假设有两家一模一样的杠杆收购投资组合公司，其中一家的债务股本比为 2 ：1（这是杠杆收购投资组合公司身上真实会出现的情况），另一家的债务股本比为 1 ：2。若两家公司的收益都以每年 5% 的速度增长，且"买入"和"卖出"的价格均为 8 倍营业收入，那么杠杆收购基金从加了高杠杆的公司身上取得的股权收益会比从没加杠杆的公司那里取得的股权收益多 4%~5%。当然，若投资组合公司增速疲软或并购价格下跌，杠杆收购基金在加了高杠杆的公司身上产生的损失也会比没加杠杆的公司那里产生的损失多 4%~5%。在这种情况下，投资组合公司疲于偿债，股权收益"惨遭挤压"，杠杆收购基金业绩表现欠佳。

私募股权投资基金除了会在一开始加高杠杆外，还会不时在投资组合公司身上应用一些金融工程手段。如果投资组合公司的运营已经有了改善，但并购市场当下的行情不利于出售，那么私募股权投资基金就可能指挥投资组合公司去借更多的债，用新债的收益向基金分红[20]。例如，2019 年私募股权投资基金梧桐投资基金 II 期（Sycamore Partners Fund II）便以此种方式从其投资组合公司史泰博那里收到了 10 亿美元的分红。这笔分红偿清了梧桐投资基金的大部分初始投资，给该项投资制造出了一个十分诱人的内部收益率。2019 年，私募股权投资基金管理机构伦纳德·格林伙伴公司（Leonard Green & Partners）以 15.5 亿美元的价格出售了其投资组合中的连锁医院远景医疗控股（Prospect Medical Holdings）的地产，之后又从买家那里将地产租回。这样一来，利息费用降低了，租金成本却增加了。出售地产的收益被用于偿还债务和向伦纳德·格林伙伴公司的基金持有人发放分红。这样的金融工程手段令投资组合公司旧债叠新债，在某些层面上降低了既有债务的信用水平。私募股权投资基金的首轮出资人偶尔会抱怨这种交易。他们并没有意识到最开始正是他们自己答应在借款文书中加上允许这类操作的条款。

得益于过去 40 年间美国经济与企业收益的持续增长，美国股市以及并购市场的价值持续增长。在这种情况下，加高杠杆作为一种提升上市公司股权投资收益的策略可谓卓有成效。高杠杆是私募股权行业的基石，然而近年来投资者收益都被高昂的收购价与基金管理费用侵吞了。

加高杠杆的策略并非万无一失。许多投资组合公司的表现并不如计划的那般发展。收益可能降低，估值可能下跌。加州州立理工大学（California State Polytechnic University）的研究人员推测，有 20% 的杠杆收购投资组合公司破产[21]，其相关数据表现与债券评级机构对垃圾债级的低等级债券（即 B 级和 CCC 级）

的一贯印象相吻合。这类债券对应的公司要么跟私募股权投资组合公司的负债情况类似，要么本身就是杠杆收购投资组合公司[22]。破产对于私募股权投资基金是灾难性的，因为一旦破产，股权投资者往往就没有收益了。加州州立理工大学研究人员与债券评级机构证实，排名前 10 的并购交易中，有 3 起，即 30%，都以破产告终。它们是未来能源控股有限公司（Energy Futures Holdings）、美国哈拉斯娱乐公司，以及美国清晰频道通信公司（Clear Channel）。

私募股权投资基金的杠杆已经降低了。21 世纪 10 年代，并购价格上涨了，杠杆收购基金的出资人却不愿因此加高杠杆，债务价值比（debt-to-value ratio）由此降低。2020 年 3 月，一位并购老手告诉我："那种不管三七二十一先借个 80% 的债再说的日子已经一去不复返了。"撰写本书时，杠杆收购基金投资组合公司的债务价值比普遍为 60%~70%。

改善投资组合公司的运营状况

围绕私募股权行业的众多传言中，有一个说法是：投资组合公司一旦被基金收购，其利润率便会上升。针对已经私有化的大型上市公司，有一种说法是其利润率之所以会上升是因为公司被收购后，高管可能取得的所有者权益增加了。潜在的巨额财富促使高管在公司经营上更加努力也更加精打细算，进而提升了被收购公司的利润率。对于以家族企业和被出售的公司业务为主的规模较小的交易，利润的提升则主要依靠基金所有者丰富的人脉和资源，以及引入顶级专家协助在任的公司高管改掉积习、适度承担风险、应用现代管理手段。菲利克斯·巴伯（Felix Barber）与迈克尔·戈尔德（Michael Gold）在其发表于《哈佛商业评论》的一篇文章中对这一观点进行了总结："私募股权的惯常做法是收购公司，引导其快速实现业绩提升，再将其售出。[23]"

这些论断背后的逻辑很有说服力，然而事实证据却是正反参半。私募股权的私密性使得外部分析人士很难取得大量杠杆收购基金的历史会计数据。独立学术研究人员很难得出结论。最好的数据源是为大型并购促成并安排借款的各大银行以及诸如 Antares Capital 那样专注小型并购的非银行贷款机构。然而，这些机构的业务是发放贷款而非发表论文。

一个对"私募股权改善被收购公司的运营"这一论断不利的事实是，四分之一的新杠杆收购都源于既有收购，即一只私募股权投资基金将自己的投资组合公司卖给另一只私募股权投资基金。在这种情况下，第一只基金应该已经榨干了投资组合公司的潜力，提升了它的效能，接手的第二只基金应该没什么可做的了。作为一名投资银行家，我个人的经验是私募股权的确在一定程度上提升了投资组合公司的利润率，但这种提升是以牺牲投资组合公司在人力资源与研发方面的长期投资为代价而实现的。话虽如此，杠杆收购基金管理机构 Clayton Dubilier & Rice（CD&R）的合伙人大卫·沃瑟曼（David Wasserman）曾说："再怎么提升投资组合公司的效能也抵不过高价买入导致的损失。[24]"基金要实现赢利目标，最关键的还是以合理的价格拿下收购标的[25]。

实现从量变到质变

在并购界，若以息税折旧摊销前利润的倍数表示价值，则估值时一般会遵循"公司越大，倍数越大"这一原则。之所以会这样是因为人们认为小公司风险更高且风险会随着公司规模的扩大而降低。较之类似的大公司，小公司存在产品线更少，客户集中度更高，管理团队人数更少等缺陷。这些缺陷导致小公司更容易失败，也更不稳定。

私募股权投资基金利用这一原则制造估值差异。许多基金会以诸如 7 倍企业价值倍数的价格收购一连串小公司，再将它们合并为一家大公司，实现协同效益，然后以 9 倍企业价值倍数的价格把合并而来的大公司卖给世界 500 强企业、规模更大的私募股权投资基金，或者上市。公司越大，估值倍数越大。从 7 倍企业价值倍数涨到 9 倍企业价值倍数，杠杆收购基金的收益相当可观。投资圈将这一策略称为"购买和构建"（buy and build）、"打包"（roll-up）、"整合"（consolidation）或"平台搭建"（platform build-up）（图 4-5）。一个很好的例子是私募股权投资组合公司 Caliber Collision。它吸收了超过 100 家汽车修理厂，一跃成为行业领军企业。

"购买和构建"策略对许多私募股权投资基金都十分有效，但凡事没有绝对。这个策略需要花费很长时间才能完全实现，需要成功整合大量小型公司，其实现的前提是以合理的价格完成多起收购。对此，Linley Capital 的合伙人约翰·波林克（John Poerink）的表述十分到位："'购买和构建'难度非常大，许多尝

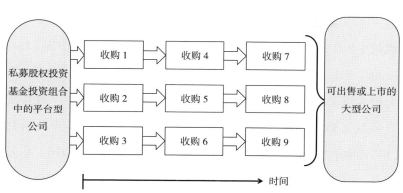

图 4-5　"购买和构建"策略

试都以失败告终。[26]"尽管如此，通过并购实现量变到质变这一操作与私募股权投资基金从业人员的技能点十分契合，"购买和构建"这一策略也特别常用。

买得巧

私募股权投资基金跑赢股市的最后一种策略是"买得巧"。指数基金，顾名思义，会将资金全部投出，其价值也随着股市的阴晴不定而不断波动。与之相对，私募股权投资基金较为灵活，在投出资金时可以"挑选时点"，尽量选择在并购价格底部完成交易。

此外，不同于指数基金，私募股权投资基金在与目标公司进行交易谈判时能够接触到内幕消息。进行现场调研、与目标公司管理层开会，以及做出细致的财务预测本就是并购流程的一部分。这些额外信息令私募股权投资基金比股票投资者更具优势。

在一些上市公司私有化交易中，上市公司股东会抱怨说公司管理层在一众买家中偏向某一家私募股权投资基金，但在之后的销售环节该私募股权投资基金的出价并非最高。在 240 亿美元的戴尔（Dell）并购案中就出现了这样的情况，卡尔·伊坎（Carl Icahn）和东南资产管理公司（Southeastern Asset Management）等大股东反对私募股权投资基金的收购。然而，他们的反对和抗议收效甚微。2013 年 10 月，交易完成。一年后，彭博新闻社（Bloomberg News）报道称，收购方银湖资本（Silver Lake）在戴尔身上实现了 90% 的收益率，尽管当年股市只上涨了 11%。如此巨大的差异证明戴尔股东的反对和抗议是有道理的。

2014 年，最大的 7 家私募股权投资基金管理机构以 5.9 亿美元了结了一桩指控其在 21 世纪初的一系列交易中合谋压低收购价格、减少竞争的集体诉讼。《辛辛那提大学法律评论》（*University of Cincinnati Law Review*）上刊载的经济分析概要显示："诉讼涉及 8 项数十亿美元规模的杠杆收购交易，造成的股东损失将近 120 亿美元。[27]"若该指控属实，且对股东损失的估算是准确的，则杠杆收购在 21 世纪初取得的收益在一定程度上源自不当行为，而非投资智慧。有传言称，除诉讼涉及的 8 项交易外，私募股权投资基金管理机构在其他一些交易中也有类似的不当行径。如果将这些交易一并纳入计算，则杠杆收购给股东造成的损失还要更高。若这些指控与传言均属实，则私募股权行业在 21 世纪初实现的年度收益中，可能有 30 个乃至 40 个基点都源自不当行为。

并购价格的上涨与股票市值密切相关。过去 10 年间，美国并购交易（含杠杆收购）的平均规模增长了 50%，价格翻了数倍[28]。谈及这一点，一家专注小型市场的私募股权投资基金管理人员称："我们的第一只基金的平均收购价为 6 倍企业价值倍数，第二只基金为 7 倍。到了 2020 年，第三只基金的平均收购价格已经达到 8 倍企业价值倍数了。"同一时期，私募股权以企业价值倍数表示的大型（即超过 2.5 亿美元）交易收购价格攀升了 35%。

以下清单列示了私募股权抬升价值的 4 种策略。

私募股权跑赢股市的 4 种策略

● 利用高杠杆：最大限度地增加投资组合公司的负债，以此提升股权持有人的收益。

● 改善投资组合公司的运营状况：通过高效且老道的管理实现降本增效。

● 实现从量变到质变："购买"许多小公司并将其"构建"为一家大公司。

● 买得巧：寻找低价标的并将交易安排在并购价格相对较低的时间点。

本章小结

私募股权投资基金的业绩表现并不具备一个万亿级行业应有的明确性。其逐年收益严重依赖基金管理机构对投资组合公司价值的估计，而这些公司中的绝大多数在被持有超过 5 年后甚至依然无法售出。基金对贷款和闲置资金的利用会影响投资者的累计盈利。40% 的基金不向数据服务机构披露自己的业绩数据，因而无法对其进行比较。基金管理机构还可能人为操纵诸如内部收益率这样的业绩比较指标。

多年的金融从业经验培养出来的直觉告诉我，一个行业普适、标准且不注水的业绩在以年化内部收益率的形式计算的情况下，会比其自行公开的数据低 2%~3%；若以总收益倍数的形式计算，则会低 10%~15%。计算私募股权行业真实客观的业绩数据需要太多政府部门以及行业参与者的配合（或默许），因而在实操中根本无法实现。

在股市 / 并购周期底部收购公司或许是杠杆收购基金最好的策略。一项关于并购收益的研究发现，以低于平均水平的企业价值倍数买入的公司创造了杠杆收购基金的大部分盈利。当然，要在底部完成收购需要精准择时，但没有几个金融从业者能像预言家一样未卜先知。即便基金坚持前文所述的 4 个策略也无法保证万无一失。

杠杆收购基金行业中，一个很好的经验法则是：在包含 10家公司的投资组合中，有 3 家没有收益，4 家收益微薄，大部分收益都由其余 3 家产生。一笔投资的收益是大是小具有不可避免的随机性。即便私募股权投资基金管理机构已经尽了最大努力，即便从金融角度来看，它们已经做得很好了，可它们依然难以实现向投资者许诺的"持续跑赢股市"的目标。

第五章

私募股权与圣杯

在电影《夺宝奇兵 3 之圣战奇兵》(*Indiana Jones and the Last Crusade*) 中，主人公印第安纳·琼斯 (Indiana Jones) 协助自己的父亲寻找圣杯。在电影中，圣杯是一件具有神秘力量的古物，能够让持有者幸福快乐、青春永驻。人们不惜冒生命危险也要找到圣杯。如果印第安纳·琼斯现在要从事金融行业，那么他便会听说另一件宝物，一件意义非凡、令众人长久以来苦苦追寻的宝物。

数十年来，包括绝大多数机构投资者在内的现代投资组合理论的拥趸一直致力于探寻这样一种资产：它既能避开股市波动，又能实现超出股市乃至远高于评级高且收益固定的债券——也是在传统意义上最适合风险厌恶型投资者的资产——的收益。过去 40 年间，投资者探寻的范围很广，涉及资产类型众多。美国的机构投资者还不远万里跑去一些岛国，寻找理想的资产，将它们收入自己的投资组合内进行检验。有望成为这一传说级资产的包括可转债 (convertible bond)、垃圾债、不动产、大宗商品、国际股票 (international stock)、资产组合保险 (portfolio insurance)、对冲基金、私募股权和基础设施投资。所有这些类型资产，包括私募股权，都没能达到投资者的期望。

杠杆收购基金营销推广的重点在于强调其收益超过股市。此外，杠杆收购基金还宣扬其风险较股市更低，或者说比股市波动更小。如果将杠杆收购的业绩变化比作驾驶凯迪拉克轿车在纽约第五大道 ① 上行驶，股票价格的波动就宛如开着一辆轿卡在颠簸不平的乡村道路上奔波。如果这一"低风险，高回报"的营销推广口号属实，那么这两项特质便足以让私募股权成为投资界的"圣杯"。图 5-1 展现了私募股权投资基金对外宣称的其与其他类别资产的风险收益关系。

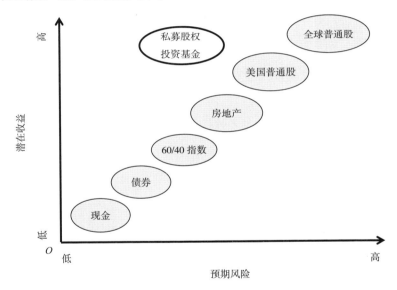

图 5-1　不同资产的风险收益

注：私募股权投资基金宣称其风险较公开交易的美国股票低，收益还更高。

---

① 即 Fifth Avenue，是美国纽约曼哈顿一条重要的南北向干道。第五大道周边有众多景点和品牌商店，十分繁华。——译者注

　　为计算收益波动情况，私募股权数据服务机构收集了该行业的逐年收益数据，其中包括对数百家杠杆收购基金进行的一项调查。调查结果包括这些基金在 12 个月内的红利分配情况和资产价值变化，业内将这种一年期收益称为"期限收益"（horizon return）。这一口径与本书前述各表中侧重累计业绩的内部收益率、公开市场等价物和总收益倍数等指标有所不同。我个人研读过许多私募股权投资基金的业绩报告，对数据服务机构公开的这些期限收益数据表示高度怀疑，因为这些数据显示，高杠杆的资产的业绩表现居然比没有用杠杆的资产更为平滑。表 5-1 显示了（撰写本书时）睿勤最新的杠杆收购业绩数据与标普 500 指数的比较。

表 5-1　杠杆收购基金一年期收益

一年期 （截至 12 月 31 日 ）	杠杆收购基金业绩数据 /%	标普 500 指数 /%
1999 年	27.8	21.0
2000 年	2.2	−9.1
2001 年	−12.8	−11.9
2002 年	−3.8	−22.1
2003 年	21.0	28.7
2004 年	28.8	10.9
2005 年	38.3	4.9
2006 年	30.5	15.8
2007 年	24.9	5.5

一年期 （截至 12 月 31 日 ）	杠杆收购基金业绩数据 /%	标普 500 指数 /%
2008 年	−29.7	−37.0
2009 年	14.6	26.5
2010 年	21.4	15.1
2011 年	9.4	2.1
2012 年	14.6	16.0
2013 年	20.0	32.3
2014 年	14.8	13.7
2015 年	14.9	1.4
2016 年	12.6	12.0
2017 年	20.7	21.8
2018 年	12.8	−4.4
2019 年	21.0	31.5

来源：睿勤与标准普尔公司。

注：标灰的区域为股市大跌，但杠杆更高的私募股权投资基金对外宣称的业绩数据显示出来的跌幅更小的年份。私募股权投资基金的这一表现与金融学基本原理相悖。除少数例外，机构投资者、商业媒体以及金融院校都对私募股权行业披露的公允价值计量数据全盘接收。

　　私募股权投资基金在股市下行时对外宣称的业绩表现尤为重要。这些业绩数据大都由私募股权投资基金自主计算、自主披露，其结果显示私募股权投资基金的损失小于标普 500 指数。这看起来不太像是真的。就像买卖房地产——若购房一年后，地产市场下跌了 20%，那么以 20% 的首付加 80% 的贷款购房的人将会损失全部首付，投资收益为 -100%。与之相对，全款买房者的投资收益为 -20%，依然保有房屋 80% 的价值。高杠杆会加剧贷款购房者的损失。股市下行期杠杆收购基金对外宣称的收益数据与股票收益的显著差异见表 5-2。

表 5-2　私募股权投资基金收益与标普 500 指数——市场溢价

年份	私募股权对外宣称的收益 /%	标普 500/%	事件
2000—2002 年	-14.3	-37.5	互联网泡沫破裂
2008 年	-29.7	-37.0	金融危机
2011 年	+9.4	+2.1	美国长期国债信用评级下调
2018 年	+12.8	-4.3	对经济衰退及中美贸易战的担忧情绪

7 年前，我与泰德·巴恩希尔设计了一个股票指数，模拟通过并购完成私有化的上市公司。正如我们在《指数杂志》（*Journal of Indexes*）中阐释的那样，这一指数排除了高科技公司、周期性行业、金融公司、亏损企业，以及表现时好时坏的企业等不符合杠杆收购条件的公司[1]。我们发现这一指数在 2000—2002 年高科技公司受挫的互联网泡沫破裂事件中较好地抵御了风险，然而在面对 2008 年的金融危机时却收效甚微，因为 2008 年金融危机中高科技公司和低技术公司的股价都受到了波及，齐

齐下跌。

顺便一提，我和泰德·巴恩希尔向几家头部指数编制公司兜售过这个指数，还跟标普道琼斯指数公司（S&P Dow Jones）有过几番讨论。标普道琼斯指数公司是全球领先的指数编制公司，提供数十种专注科技、消费、能源及其他板块的股票指数。一番调研后，标普道琼斯指数公司告诉我们："你们设计的指数十分有趣，但我们觉得不会有人买。"机构投资者貌似不希望看到有独立业绩比较基准出现，对其私募股权投资对外宣称的业绩进行验证。

2017 年，《私募股权杂志》发表了我和肯·陆合作的一篇名为《私募股权投资基金耐人寻味的逐年收益表现：另一个公允价值计量问题？》（*The Curious Year-to-Year Performance of Buyout Fund Returns: Another Mark to Market Problem?*）[2] 的调研报告。在报告中，我们设计了一个与前文所述指数类似的替代模拟指数，在市场权重和行业分类上都十分精妙。值得注意的是，在2008 年，美国股市的收益为 –38%，我们的替代模拟指数（在不考虑杠杆收购负债的情况下）的收益为 –37%。然而，私募股权行业自主披露的数据却显示，尽管负债累累，2008 年私募股权行业剔除各项费用后的收益表现却要比股市好得多，为 –26%。私募股权行业优于两项指数的业绩表现不合常理，并且与关于杠杆与收益波动关系的经典金融理论相悖。可能却不太站得住脚的解释是，除其他因素外，出于某些原因，私募股权的价值严重偏离了与之对应的股票；或者我们设计的替代模拟指数无法准确模拟私募股权投资基金的潜在投资组合公司。事实上，考虑杠杆收购的高杠杆后，我们的替代模拟指数在 2008 年的收益为 –75%，与私募股权行业自主披露的 –26% 相去甚远。但凡当年私募股权行业披露的数据趋近 –75%，其飞速发展的势头在 2008 年就得打住了（表 5–3）。

表 5–3　股市下行期的逐年收益（含替代模拟指数）

一年期（截至 12 月 31 日）	替代模拟指数 /%[1]	考虑杠杆的调整后的替代模拟指数 /%	私募股权投资基金 /%[2]	标普 500 指数 /%	事件
2002 年	–22.8	–46.2	–3.8	–22.1	互联网泡沫破裂
2008 年	–37.6	–75.0	–29.7	–37.0	金融危机
2011 年	–5.0	–9.9	+9.4	+3.1	欧洲债务危机和美国政府信用评级下调
2018 年	–6.7	–11.7	–12.8	–4.4	对经济衰退的担忧情绪

[1] 我们设计的私募股权替代模拟指数部分源自罗素 2000 指数（Russell 2000 indexes）。

[2] 私募股权投资基金的年收益数据来自睿勤。

　　让我们通过一个例子来感受一下高杠杆公司在股市崩盘时会经历的价值加速下跌。假设有两家各方面都差不多的公司，一家是"普通公司"，另一家是"杠杆收购公司"。两家公司的企业价值均为 10 亿美元,"普通公司"的债务企业价值比为 35%,而"杠杆收购公司"的债务企业价值比为 70%。经济危机时,两家公司的企业价值都下跌了 20%。"普通公司"的股价因此下跌了 31%,损失惨重。但"杠杆收购公司"的股价跌幅更大,高达 67%(图 5-2)。

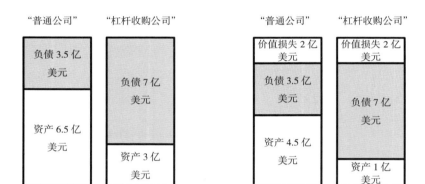

图 5-2 更高的杠杆:股市下行期"杠杆收购公司"的股价会下跌 67%

虽然逻辑上是"负债越多,股市崩盘时价值下跌越多",私募股权投资基金对外宣称的论调却恰恰相反。它们称自己收购的公司在股市崩盘时的价值下跌幅度小于情况类似但负债更低的上市公司。而且正因如此,杠杆收购投资组合的风险低于股市。表面看来,这一"波动更小"的论断十分荒谬,所谓"金融界的圣杯"不过徒有其表。由高杠杆公司构成的投资组合(即杠杆收购投资组合)怎么会比由情况类似但负债很低甚至没有负债的公司构成的投资组合风险更低呢?有证据显示,私募股权行业在平滑收益，使其年收益波动小于股市波动[3]。私募股权行业人为抹平其年收益波动，以此显示自己风险较低，并支持自己"低风险"的营销主张。

类似的人为操纵在不动产私募投资基金（real estate PE）行业已然存在。20 世纪 90 年代，多位研究人员在比较不动产投资信托基金（REITs）与不动产私募投资基金的业绩时发现不动产私募投资基金行业存在平滑收益的现象[4]。两种投资的潜在标的十分类似，但不动产私募投资基金的年收益波动比公开交易的不动产投资信托基金指数更小。不可思议的是，美国证券交易委员会（SEC）等监管机构对这一反常现象不闻不问[5]。没人给出过令人信服的理由，解释为何不动产私募的收益波动会比公开交易的更小。收益波动是可投资资产自身的内在属性，与其所有制形式无关。

尽管私募股权投资基金行业有平滑收益的嫌疑，绝大多数观察人士还是对私募股权行业提供的数据全盘接受、不加质疑。例如：

> 我们的调研显示私募市场比公开市场波动更小。无论是在高峰期还是低谷期，公开市场的业绩波动幅度都比私募市场更大。2001 年以来，在标普 500 指数总收益大于等于 +5% 的 28 个季度中，有 24 个季度私募市场收益不及公开市场。反之，在标普 500 指数总收益为负的全部 21 个季度中，私募市场的业绩表现都要优于公开市场。我们认为这一历

史规律在当前环境下仍然适用[6]。

私募股权在结构特性上的潜在优势或许在市场承压时尤为突出。之前的美国熊市中，私募股权的平均跌幅只有美股总跌幅的一半左右[7]。

面对私募股权有违逻辑常识的数据浪潮，越来越多的分析师试图扭转局势，对杠杆收购基金平滑逐年收益这一惯常操作提出疑问。例如：

> 然而，私募股权投资基金代表的是公司的股权头寸，因此私募股权对外显示的低波动性一定是人为制造出来的，是平滑估值的产物。就算私募股权投资基金不希望在估值中体现这些，其投资组合公司和公众公司一样都会受到经济大潮的影响[8]。

许多养老基金投资私募股权是因为在经济下行时它们可以少计提些资产减值，说："这是个愚蠢的买入理由。"[9]

2013年，我向美国证券交易委员会提交了一份检举材料，简要阐述了我的观点——私募股权明显是在平滑收益。杠杆收购基金有意无意诱使投资者接受其风险较低这一错误而片面的观点并据此买入。在面向投资者的营销推广资料中提供误导性或不准确的收益数据是违反联邦证券法规的，我认为私募股权投资基金提交了虚假数据却并未受到惩罚。此事涉及资产达数十亿美元规模，若我提出的检举得到证实，则可能促成大规模执法行动。但当时美国证券交易委员会并未追究此事。

私募股权行业人为操纵私人公司投资组合估值的又一例证是 2020 年的一项研究，其结论是"典型的私募股权投资基金在成立 7~8 年后会出现收益（或业绩指标）下降的情况"。该研究由此暗示私募股权投资基金的早期估值过于乐观。随着时间的流逝，当现实逐渐明朗，基金会调低估值并以公允市价将投资组合公司售出[10]。

私募股权投资基金的公允价值计量

为合理记录业绩，私募股权投资基金会定期调整投资组合公司的估值，使其能够反映投资组合公司的财务状况。这种操作被称为公允价值评估（mark-to-market）。由于杠杆收购基金投资组合公司必然有很多过往业绩，基金在以公允价值评估的过程中多少会基于这些过往业绩预测未来。例如，分析师会说："亚马逊公司的财务估价很高，因为该公司预期收益将快速上涨。"

另一个同样重要的估值方法是可比公司估值法，即基于与目标公司类似的公众公司的定价与近期并购交易的价格来确定目标公司的价值。分析师会说："雪佛龙（Chevron）以 130 亿美元收购诺贝尔能源（Noble Energy），为石油板块的并购交易定价提供了有力的依据。"对杠杆收购基金投资组合公司来说，应用可比公司估值法的操作简单直接。可比公司有丰富的过往业绩，业务技术含量低且易于理解。若公开交易的安格莱斯市场（Ingles Markets）① 的估值为 8 倍企业价值倍数，则杠杆收购基金投资组合内的类似连锁超市的估值也应为 8 倍左右。在应用可比公司估值法的情况下，两位专业人士基于完全相同的信息做出的估值相差不应超过 10%。

　　对公允价值计量这一会计计量体系的滥用酿成了重大违规行为。2001 年，安然公司（Enron）崩盘。该公司在 20 世纪 90 年代是股市的宠儿，导致其 700 亿美元市值蒸发的主要原因是该公司在估值难度较高的衍生品、长期合约（long-term contract），以及私募证券（private securities）上会计造假。同样是在 20 世纪 90 年代，互联网发展热潮中，闭锁型高科技企业以每股几美分的低价向其高级管理人员派发股票期权，以此压低高级管理人员的应税薪酬，实现避税。类似事件频出，迫使监管跟上。其中一项应对措施是会计行业颁布的《美国财务会计准则第 157 号》（*Statement of Financial Accounting Standards 157*）。该准则长达数百页，为财务人员对私人企业估值提供了分步指导 [11]。在《美国财务会计准则第 157 号》颁布前，绝大多数杠杆收购基金都已采用公允价值计量的会计计量体系，而该准则（现已收入《美国财务会计准则汇编第 820 号》）为从业人员提供了非常有用的参考。

———————————

① 　一家总部位于美国的公司，主要从事连锁超市的经营。——译者注

针对该准则的解读尺度引发了争论，在估值实操中留下了一些操作空间。

实操中的公允价值计量

私人企业的估值半科学半主观。会计准则、商科读物以及 MBA 课程在讲到估值时都引经据典、叙述详尽。例如，对目标公司未来收益增长率的选取以及对估值中要用到的可比公众公司的选择都具有一定的主观性。若总是做出有利于私募股权行业及其学派的判断，势必会引发问题。

对杠杆收购基金而言，公允价值计量的测算流程始于其内部。规模较大的基金会有一名专员或一支专门从事估值的团队为投资组合内的每一家公司撰写估值报告。中小型基金集团则会聘请第三方基金管理服务机构（fund administrator）[1] 定期协助其编制估值报告中所需的信息，因此它们的估值报告中会包含一些独立观点。基金会将估值报告提交给自己的注册会计师事务所，由会计师事务所审阅估值是否合理（图 5-3）。

---

[1]　即专门向基金提供中后台服务的公司，也译作"基金行政管理人""基金秘书""独立基金管理人"。——译者注

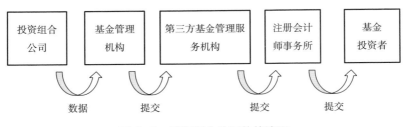

图 5-3　投资组合公司估值流程

四大会计师事务所（简称"四大"）——德勤、普华永道、安永以及毕马威——为绝大多数资产逾 2.5 亿美元的基金提供审计服务。"四大"也都开展了自己的估值业务，团队中有许多专家。"我们尤为关注每一年的估值报告所采用的假设是否发生变化。"一位在"四大"工作的企业价值评估师在 2020 年 5 月这样说道。"估值报告涉及的变化、假设，以及可比公司的选择都需要通过可用性测试。"尽管如此，这一框架下仍存在基金与审计机构协商谈判的空间，对无力负担详尽审阅服务的小型基金来说尤为如此。"讨价还价的现象绝对存在。"一位私募股权投资基金管理人员这样暗示道。另一位"四大"经理则称："我们会仔细研读估值报告，到头来这更像是某种合作。在编制估值报告这件事上，基金与审计机构间存在一定信赖。"

杠杆收购基金在市场下行期披露的业绩表现乍看之下具有一定真实性，但该行业一贯的"高杠杆公司比公众公司价值跌幅更低"的调性令人难以信服。会计准则要求基金以公允价值计量投资组合公司，所谓的"公允价值"指的是市场参与者在有序交易（orderly sales process）中买卖该公司的价格，即便计量日刚好赶上股市崩盘也要如此测算。然而私募股权行业在其中发现了巨大的人为操纵空间。针对 2009 年的平滑收益操作，我听到过这样的言论：“本次下跌属于估值过度调整，将来会涨回来的。”这话说得就好像审计机构是预言家一样。围绕 2009 年还有这样一种论调：“私募股权投资组合公司不受股价波动影响，因为基金管理机构是长期投资者，而非短线投机者。”谈及 2020 年 3 月的市场下跌以及基金对据此大幅下调估值的不情不愿，估值咨询公司道衡（Duff & Phelps, LLC）的董事总经理（Managing Director）大卫·拉森（David Larsen）评论称：“大打估值折扣无异于实施焦土政策（scorched-earth approach）①。公允价值计量不等于“大甩卖”式定价。”[12] 所有这些为平滑业绩辩护的论断都过于偏袒私募股权行业，都在阻止投资者及时了解投资组合公司的潜在价值。对此，曾在挪威财政部（Norwegian Ministry of Finance）主管资产管理工作、掌管规模庞大的挪威主权财富基金的马丁·思坎克（Martin Skancke）表达了反对意见：“像私募股权这样的资产估值频率较低，因而波动看似也较低。但长年累月下来，其实际波动搞不好其实很剧烈。[13]”

　　2020 年第一季度，美国股市下跌了 19.6%。而尽管杠杆很

---

① 又称焦土作战，是一种肆意毁灭作战区和占领区人类文明的野蛮政策。金融行业以“焦土政策”指目标公司为避免被并购而主动恶化自身资产质量和财务状况的做法。例如，目标公司高价购入大量不良或低价值乃至无价值资产，或以低价卖掉其最具吸引力的资产，从而使收购人对自己失去兴趣，放弃收购。——译者注

高，私募股权行业却声称其投资组合共计只下跌了 8.9%。假设类似的公众公司有 35% 的杠杆，私募股权投资组合有 70% 的杠杆，则 2020 年第一季度私募股权行业的收益应为 –42.5%，而非 –8.9%。理性的评估师不应接受向私募股权的公允价值计量口径中引入并购交易和未来现金流折现（discounted cash flow）——将损失数据从 –42.5% 人为降低至 –8.9%——这样的做法。然而，即便私募股权行业在 2020 年 3 月披露的数据与其他数据存在明显不一致，审计师和政府监管机构都未曾对此表示质疑。这一现象往轻了说是估值的时候没注意，往重了说则有证券欺诈的嫌疑。

资产净值计算的实用权宜之计

会计主管部门除了对私募股权行业平滑收益的操作视而不见，还为私募股权投资者专门打造了一项豁免权。私募股权投资者涉足的是流动性差、难以售出且封闭期长达 10 年的投资类型。而在二级市场，哪怕一个机构投资者要售出持有的某只基金的全部份额，其体量与整个行业流通在外的总份额相比也是微乎其微的。这样的局面会引发问题：假设一只私募股权投资基金的投资组合公司估值 10 亿美元，其中 10% 的份额属于某大学捐赠基金，那么理论上若另一家机构想要购买该大学捐赠基金持有的份额，则需支付 1 亿美元（10% × 10 亿美元 =1 亿美元）。但在实操中，二级市场买家会出于各种各样的原因要求对估值打折扣。这一定价惯例与投资公开交易的股票的封闭式基金（closed-end fund）类似。历史上，投资公开交易的股票的封闭式基金在定价时会在资产总值的基础上打 5%~10% 的折扣。围绕私募股权的二级市场交易情况的调研显示，上文中计算出的大学捐赠基金 1 亿美元的权益在实际交易中需要打 14% 的折扣，实际成交价格仅为 8 600 万美元[14]。此外，若基于美国财务会计准则委员会自己编制的非流通股估值指南进行核算，则需要打 10%~20% 的折扣，折后价为 8 000 万 ~9 000 万美元。

　　私募股权行业享有一项不同寻常的豁免权，无须考虑流动性折扣。这一豁免权被称为"资产净值（NAV）计算的实用权宜之计"（net asset value practical expedient convention）[15]。它允许私募股权投资者无视经济实质，按照估计的潜在价值核算其投资，不用打那 10%~20% 的流动性折扣。无须考虑流动性折扣使私募股权对投资者更具吸引力。这一豁免权最早出现在 21 世纪初期，其起源扑朔迷离。在好奇心的驱使下，我致电美国财务会计准则委员会位于康涅狄格州的总部一探究竟。我与一位资深分析师探讨了此事，他记不清究竟是哪一方力促美国财务会计准则委员会设计出这项豁免权的了，但我总觉得这件事就好像私募股权行业成功渗透了会计行业的象牙塔一般。会计准则的权威性意味着它是无可指责的。

分散投资

  若"收益高""业绩波动小"的论调在精明的投资者面前站不住脚，私募股权行业便会使出其营销推广三板斧[①]中的最后一招——分散投资。在"收益高"、"业绩波动小"和"分散投资"这3条有利于私募股权行业的论调中，分散投资是最令人信服的（图5-4）。

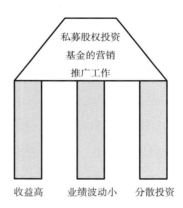

图5-4　私募股权投资基金营销推广工作的3个支柱性论调

  分散投资即是令投资组合多样化。这一策略给风险厌恶型投资者带来的好处众所皆知。若投资者将高度集中的投资组合（比如仅包含5只股票的投资组合）替换为包含500只股票的指数基金，就不会因为某一只股票价格崩盘拖累整个投资组合的业绩表

---

① 原文将私募股权行业的营销推广比作凳子，将"收益高"、"业绩波动小"和"分散投资"这3个论调比作支撑起凳子的3条腿。——译者注

现[16]。一项资产或一小撮资产拖累一整个大型投资组合的收益的风险被称为"非系统风险（idiosyncratic risk）[①]"。话虽如此，就连标普500指数都有一定的非系统风险，因为标普500指数的前五大权重股——微软、苹果、亚马逊、伯克希尔·哈撒韦以及谷歌公司——占其总市值的19%[②]。正因如此，涉足私募股权以降低公开股票市场的非系统风险是一条明智之策。

拥有可交易股票的美国公司约有4 000家[17]。而根据米尔肯研究院（Milken Institute）[③]的数据，私募股权持有的公司为7 000家，其中大多数都是并购而来[18]。杠杆收购基金持有的企业价值总额相对较小，只有25 000亿美元。相比之下，标普500指数最大的个股（微软）的企业价值就有14 000亿美元。涉足私募股权投资基金的投资者间接投资了私募股权持有的7 000家公司中的一部分，以此提升了其投资的分散程度。由于私募股权持有的私人公司的资本总额远低于典型的公开市场指数成分股，通过私募股权实现分散投资带来的益处可能微不足道，甚至无法与私募股权高昂的管理费用相抵。但不管怎么说，益处确实存在（图5-5）[19]。

---

① 也译作"非市场风险""可分散风险"，与系统性风险相对。——译者注

② 2020年数据，下同。——译者注

③ 美国知名独立经济智库。——译者注

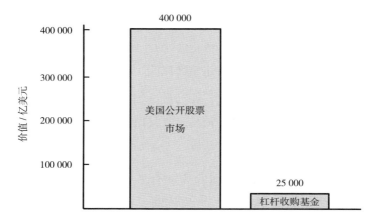

图 5-5　公开股票市场的企业价值与杠杆收购基金行业比较

图 5-6 以图形表示私募股权行业对外宣称的风险收益情况。其与图中表示久经考验的过往投资经验的图形形成对比，位于直线上方。直线下方一点，位于表示过往投资经验的图形右侧的，则是众多机构投资者与私募股权投资管理机构拒绝承认的现实。

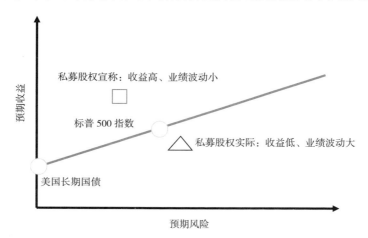

图 5-6　私募股权行业对外宣称的风险收益情况与现实比较

本章小结

与股市收益相比，私募股权行业的年收益是平滑过或者说消除过波动的。平滑收益降低了私募股权与公开市场股票指数相比具有的明显风险，然而私募股权行业宣扬的"杠杆越高，风险越小"的论调公然违背了金融理论，并且与常识相悖。若考虑私募股权行业的高负债并据此调整并购收益，则该行业平滑的收益曲线将不复存在。监管部门似乎对私募股权行业的会计核算不一致之处并无质疑，私募股权行业的公允价值计量模式也十分耐人寻味。对机构投资者来说，同时持有私募股权与公开发行的股票投资组合可以实现些许分散投资的积极效果。

第六章

高昂的收费

在那业已逝去、无从回忆的美好岁月里，一位外乡游客正在参观纽约金融区[①]的奇景。一行人抵达炮台公园（Battery Park）[②]，一位导游将岸边停靠着的几艘漂亮游艇指给游客看。导游说："看！那些是银行家和证券经纪人的游艇！""那客户的游艇在哪里？"天真的游客这样问。

上述虚构故事引出了这样一个观点——华尔街是在为自己挣钱，而不是为其客户制造超额收益[1]。这个观点对私募股权行业也特别适用。私募股权投资基金管理人员拥有游艇和诸如此类的奢侈品，投资人却只能凑合拿点平平无奇的收益。独立调研显示，州养老基金、大学捐赠基金和大型基金会在私募股权上花费了数百亿美元的主动管理费用，投资业绩却低于被动管理的60/40指数[2]。对于这一事实，华尔街从未质疑过。

无论以何种标准衡量，私募股权投资基金的管理费都高得离谱。标普500指数基金每年的管理费金额为其所管理资产的3个

[①]　即 Financial District，是纽约市历史最悠久的社区，也是纽约市的起源地。这里有纽约市最主要的一些金融机构，华尔街也在这里。——译者注

[②]　炮台公园位于美国纽约市曼哈顿区南端，其中心地带是游艇和帆船俱乐部。——译者注

基点（即 0.03%）。相比之下，私募股权投资基金的管理费比标普指数基金高 100 倍，为 300~400 个基点（即 3%~4%）。投资者的资金中有这么大一部分都进了基金管理机构的口袋，无怪乎私募股权投资基金的业绩难以超过股市。

以杠杆收购基金为主导的私募股权行业在掩藏投资者实际给付基金管理机构的费用金额方面做得非常到位。在剖析私募股权行业的费用结构前，有必要先了解一下该行业收取的 3 种费用（图 6-1）。

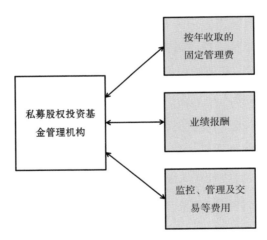

图 6-1　私募股权投资基金收取的 3 种费用类型

按年收取的固定管理费

按年收取的固定管理费的标准费率为基金成立后 5 年（或基金成立后直至完成全部投资，二者取其先）的承诺资本的 2%，不过由于竞争激烈，某些基金已经将费率降低。需要注意的是，固定收费的基数是承诺资本，而非基金管理的资产[3]。也就是说，若一只基金的承诺资本为 10 亿美元，那么即便这 10 亿美元中只投出了 2 亿美元，该基金第一年也要收取 2 000 万美元的固定管理费。在这种情况下，该基金第一年收取的管理费相当于其实际管理的资产的 10%（2 000 万美元 ÷ 2 亿美元 =10%）。一旦基金将 10 亿美元的承诺资本悉数投出，其管理费率通常会降至投资额的 1.0%~1.5%。假设一只 10 亿美元的 10 年期基金在其生命周期的前 5 年每年投出 2 亿美元，并在之后的 5 年间逐渐将投资资产售出，则该基金整个生命周期内，仅固定收取的管理费一项便收取了 1.45 亿美元（相当于投资者 10 亿美元资金的 14.5%）（表 6–1）。

表 6–1　10 亿美元基金的固定管理费收费情况（单位：万美元）

年数	资本承诺	2% 的固定管理费	投出资本	1.5% 的固定管理费	固定管理费合计
1	100 000	2 000	20 000	—	2 000
2	100 000	2 000	40 000	—	2 000
3	100 000	2 000	60 000	—	2 000
4	100 000	2 000	80 000	—	2 000
5	100 000	2 000	100 000	—	2 000
6	100 000	—	100 000	1 500	1 500
7	100 000	—	80 000	1 200	1 200
8	100 000	—	60 000	900	900

续表

年数	资本承诺	2% 的固定管理费	投出资本	1.5% 的固定管理费	固定管理费合计
9	100 000	—	40 000	600	600
10	100 000	—	20 000	300	300

10 年累计总额：固定管理费 1.45 亿美元

同样的 10 年期内，假设一只公开股票指数基金的现金流出与流入情况与上述私募股权投资基金相同且确有收益，其收取的固定费用只有 100 万美元。两种基金间高达 1.44 亿美元的收费差异（1.45 亿美元 –100 万美元 =1.44 亿美元）是对投资者赢利的剥削，是私募股权投资基金管理人员购买游艇的资金来源。

在实现收益的比拼中，指数基金开局便拥有明显的优势。用美式橄榄球[①] 类比，要达阵得分，指数基金可以从 20 码线起步，私募股权投资基金则要从己方端区深处起步。显然，本书第四章所述的私募股权提升收益的 4 项策略——利用高杠杆、改善投资组合公司的运营状况、实现从量变到质变，以及买得巧——必须

---

① 美国最流行的运动，为北美四大职业体育之首。该运动拿到控球权的一方是进攻方，其目的是把球推进到对手的端区（即达阵区）得分。防守方的目的则尽可能阻止对方进攻得分，并迫使其丧失控球权。如果进攻一方得分成功或丧失控球权，双方队伍互换攻防。比赛就这样轮流攻防进行下去，直到四节比赛时间结束，得分较多的一队胜出。——译者注

共同发挥作用才能助私募股权投资基金克服那高达 1.44 亿美元
的劣势。

业绩报酬

除了丰厚的固定收费，私募股权在业绩表现优异时还会获得
业绩报酬作为奖励。业绩报酬的计提标准是基金赢利超出 8% 的
内部收益率的部分的 20%。业绩报酬与固定收费二者一起构成了
所谓的 2/20/8 收费模式 ①。举例而言，若上文所述基金赢利，其
收益超出按 8% 的内部收益率计算的收益门槛 1.5 亿美元，则基
金管理机构除巨额固定收费外，还可以得到 3 000 万美元的分成
作为业绩报酬。

耐人寻味的是，上述 8% 的基准并不是能确保私募股权业绩
超过股市的门槛。如果股市像过去多年一样保持长期增长，企业
价值每年攀升 12%，则投资者依然要（就这 12% 的收益中超出
8% 的部分）向基金管理机构支付业绩报酬，尽管基金管理机构
创造的价值是得益于股市上涨带来的积极影响。基金管理机构的
盈利本质上是依托于股市上涨的。大型机构投资者察觉到了这一
做法的不合理之处，也有能力做出改变。然而他们不愿在与基金
管理机构议价时提及此事。他们总有顾虑，虽然这顾虑其实站不
住脚：机构投资者担心如果他们在议价中提及基金的盈利本质上

---

① 即 2% 的固定管理费，20% 的业绩报酬，8% 的门槛收益率。——译者注

是依托于股市上涨行情，基金管理机构就会以某种方式将他们这些机构投资者——基金最大的客户——逐出杠杆收购行业。

基金管理机构每年收取的业绩报酬中，有一部分是基于尚未售出的投资组合公司所代表的尚未实现的盈利。由于未来投资组合公司的售出具有一定不确定性，有些情况下对应的业绩报酬的一部分会先存入暂记账户。待到投资组合公司成功售出，基金的10年存续期届满，基金管理机构和投资者知晓了实际收益情况，便会对业绩报酬进行多退少补。若暂记账户内有多出的金额，则会退还给投资者。

私募股权行业为其固定收费与业绩报酬蒙上了一层神秘的面纱，而这一神秘氛围又因会计准则与各州的相关法律法规对私募股权行业收费的模糊处理而进一步加强。我与一位同事合作完成的调研显示，33 只涉足了私募股权投资且财年结束在 6 月的州养老基金中，只有 6 个州的基金在其财报中披露了基金的业绩报酬 [4]。之后一项尝试依据《美国信息自由法案》向 42 个州的养老基金收集数据的调研则遇到了各种各样的阻碍——从州级法律法规禁止披露基金收费数据到因为各种细枝末节的问题无法提供数据，从会计系统不核算基金收费数据到州政府与基金签订了保密协议 [5]。一项针对美国排名前 50 的基金会及其填报的美国联邦税务局（Internal Revenue Service，IRS）年度纳税申报 990 表的类似研究显示，50 个基金会中没有一家披露其支付的基金业绩报酬 [6]。

负责制订州立及市级养老金计划的会计准则的美国政府会计

准则委员会并未要求对私募股权投资基金的业绩报酬进行核算。
美国财务会计准则委员会也没有强制基金会和大学捐赠基金等非
营利机构核算此类费用。美国的许多大型机构都不清楚自己究
竟向基金管理机构支付了多少费用。几年前，加州规模庞大的
州养老基金——加州公共雇员退休基金——就承认自己并不知晓
给付私募股权投资基金管理机构的确切金额是多少[7]。2017 年，
拥有 340 亿美元捐赠基金的得克萨斯州教育局（Texas Education
Agency）则表示："我们并未核算私募股权业绩报酬的应计或估
计值。[8]"而从核算了业绩报酬的机构所记录的重重收费数据来
看，美国的养老基金向私募股权投资基金管理机构支付的业绩报
酬已有数百亿美元，换来的却是如本书第四章所述那般并不出
众的投资业绩。澳大利亚主权财富基金的董事总经理大卫·尼尔
（David Neal）称："正派的私募股权投资基金管理机构就没几个，
没法对收费做出合理解释。[9]"法律法规将支付给私募股权投资
基金管理机构的大笔费用隐藏在公开信息之下，妨害公众做出理
性选择。

　　新泽西州 750 亿美元的养老基金是同类机构中对私募股权投
资基金的收费情况披露得最全的[10]（2016 年，我在新泽西州雇员
联合会担任养老金投资方面的付费咨询顾问）。在截至 2020 年 6
月的 5 年间（此为撰写本书时能取得的最新数据），作为私募股
权（2/20/8 收费模式）业绩报酬门槛的 8% 的内部收益率比同期
标普 500 指数 10% 的年化收益率要低 2%。这意味着私募股权投
资基金只要沾着股市上涨的光就能稳赚大笔业绩报酬。私人公司

的估值基于上市公司的股价，这 2% 的差距为新泽西州养老基金的私募股权投资管理机构带来了意外之财。在截至 2020 年 6 月的 5 年间，新泽西州养老基金有逾 80 亿美元的私募股权投资组合，基金管理机构从中抽走了 6.15 亿美元的业绩报酬（表 6-2），各项收费总额达 13 亿美元。令人震惊的是，2020 财年私募股权投资组合的收益仅有 0.2%，远低于标普 500 指数 9.5% 的收益率。在这种情况下，新泽西州养老基金依然向私募股权投资基金管理机构支付了 1.13 亿美元的业绩报酬。

表 6-2　新泽西州养老基金支付的私募股权固定收费及业绩报酬

财年（结束于 6 月 30 日）	2016 年	2017 年	2018 年	2019 年	2020 年	合计
固定收费 / 万美元	13 200	13 500	13 400	11 300	12 200	63 700
业绩报酬 / 万美元	109 600	9 000	14 600	15 600	11 300	61 500
披露的私募股权剔除收费后的一年期收益率 /%	6.3	12.7	17.5	9.1	0.2	—
标普 500 指数一年期收益率 /%	1.7	15.5	12.2	8.2	9.5	—

米尔肯研究院举办的一场研讨会上，管理着总规模达 500 亿美元的多只杠杆收购基金的 Vista Partner 的首席执行官罗伯特·史密斯（Robert Smith）复述了私募圈里一句非常流行的口号："投资者赚了钱，我们才赚钱。[11]" 这一说法并不完全正确，

因为有固定收费。就算基金亏了钱，私募股权投资基金管理机构依然会收取 2% 的固定收费。以新泽西州养老基金为例，在截至 2020 年 6 月的 5 年间，该机构共支付了 6.37 亿美元的固定收费，比其 6.15 亿美元的业绩报酬稍高一些。两项收费共计 13 亿美元，相当于 80 亿美元的投资组合的 16%。鉴于私募股权投资基金管理机构承担的风险微乎其微，这一金额高得吓人。

耶鲁大学教授安德鲁·迈特里克（Andrew Metrick）与加利福尼亚大学戴维斯分校教授安田绫子（Ayako Yasuda）共同发表的调研结果显示，私募股权投资基金管理机构的收入中，约三分之二来自固定收费，与基金业绩无关[12]。机构顾问 Meketa Investment Group 编撰的一本收费指南对私募股权投资管理机构在基金收益平平时的赚钱能力进行了描述[13]。当毛内部收益率仅为 10% 时，投资者需要给付基金管理机构的费用也十分惊人，逾基金盈利的三分之一（表 6-3）。

表 6-3　私募股权投资基金——基金收费对投资者内部收益率的影响

投资者毛内部收益率 /%	0	5	10
投资者净内部收益率 /%	（3.6）	（1.4）	6.3
基金收费对投资者内部收益率的影响 /%	（3.6）	（3.6）	（3.7）

来源：Meketa Investment Group。

各州支出中，有相当一部分都是付给华尔街的投资管理费。例如，马里兰州在 2019 财年给付华尔街 4.96 亿美元的费用，几乎相当于该州高等教育助学金预算总额[14]。各州养老基金的投资费用通常不在预算内，因此马里兰州议会不会就这类费用进行投票表决。各州、大学以及基金会应当留意其他机构都支付多少费用。2020 年，新泽西州在私募股权上支出的费用占其私募股权资产的 2.8%。若将范围扩大到全部另类资产，则新泽西州的另类资产投资费用（含私募股权）占其相关资产的 2.6%。基于这2.6% 的费用标准推算，福特基金会 140 亿美元的捐赠基金中有60% 投资了另类资产，那么该基金会在另类资产上支出的费用应为 2.15 亿美元，相当于其年资助总额的 40%。福特基金会的投资主管埃里克·多普施塔特（Eric Doppstadt）在一封邮件中否认了上述计算，并声称该基金会的另类资产费用低于新泽西州，但他的这一说法并无证据支持 [15]。

监控、管理及交易等费用

在 2/20/8 收费模式之外，私募股权投资基金管理机构还会向其投资组合公司收取监控、管理及交易等费用 [16]。在名义上，监控费是基金管理机构监管投资组合公司运营、提供战略指导以及实用建议的报酬。管理费是基金管理人员付出时间和精力担任投资组合公司董事会成员的报酬。有些情况下，基金管理机构会就协助投资组合公司筹集资金或完成附加型收购收取交易费用。上述费用在投资组合公司纳税时是可抵扣的，同时也会以间接方式计入基金总收益。投资组合公司属于私人性质，难以获取准确信息。我个人基于既有数据所做的分析显示，监控、管理及交易等费用每年会将基金的业绩表现拉低 1%，其他行业观察人士得出的数字则要更大。基金管理机构和投资者通常会基于事先安排好的公式分摊费用。一份政府报告指出，对分摊费用的核算可能是复杂且含混的，对此，私募股权投资者必须多加留心。

本章小结

私募股权投资基金十分擅长从其投资者和投资组合公司身上榨取费用。无论以何种标准衡量，私募股权投资基金的收费都很高，并且其中有很大一部分都是固定收费。相比之下，公开股票指数基金收取的管理费可谓小巫见大巫。私募股权投资基金的收费具有私密性，其金额很难估量，然而对此没有几家机构予以关注。收费会降低投资者的收益。即便基金表现平平，收费对收益的负面影响也非常大。基金管理机构投入的自有资金十分有限，收取的费用却十分丰厚。正如我自己的一项调研和阿波罗全球管理公司在一场介绍会上所展示的那样，大型基金管理机构的基金经营成本为其收入区间的 50%，也就是说，其税前利润率竟高达50%[17]，着实令人瞠目结舌。运营基金所需的资本支出有限，绝大多数收入都落入了基金管理人员的口袋。如此诱人的经济情况也就解释了为何基金管理人员能够攒下巨额个人财富。

第七章

私募股权的客户

　　1985 年 4 月 1 日是私募股权及机构资产管理行业历史上十分重要的一天。这一天，大卫·斯文森就任耶鲁大学捐赠基金投资主管。他的任务是对耶鲁大学捐赠基金古板、老套的投资策略（即 90% 的投资资产都是公开交易的股票和债券）进行改革，考虑涉足华尔街尚在开发中的新资产类型。大卫·斯文森时年 31 岁，曾在雷曼兄弟公司担任投资银行家，并无资产管理经验，似乎不是掌管大型捐赠基金的合适人选。不过，没有机构工作背景的大卫·斯文森有一个优势——他不像机构出身的同僚那般被根深蒂固的工作习惯所束缚，愿意尝试新鲜事物。大卫·斯文森上任后不出 10 年，耶鲁大学捐赠基金便抛弃了公开交易的证券，转而涉足私募股权、对冲基金、大宗商品和地产等另类资产。所有这些资产都许诺自己风险低、收益高。大卫·斯文森这一策略之成功，远超受托人的想象。二十多年来，耶鲁大学捐赠基金在金融界取得了一连串骄人业绩，其投资组合收益比同类机构及 60/40 指数高出好几个百分点。借着媒体积极宣传的东风，大卫·斯文森一跃成为机构投资者推崇的英雄人物。《纽约时报》记者杰拉尔丁·法布里坎特（Geraldine Fabrikant）2016 年撰写的一份人物介绍这样写道："斯文森先生是捐赠基金管理人这一精英圈子中传奇般的存在。[1]"此前 20 年中，数十位机构投资者争相效仿大卫·斯文森的投资策略，这一投资策略也被业内冠以

"耶鲁模式"之名。大卫·斯文森无意间成了花衣魔笛手[①] 般的存在，引领数百家机构投资者投身另类资产。机构投资者们相信这样做可以创造大笔财富。州养老基金、大学捐赠基金、主权财富基金以及非营利性基金会纷纷从传统的证券投资离场，转而投向非传统投资（图 7-1）。

图 7-1　耶鲁大学捐赠基金成了花衣魔笛手般的存在

另类投资以极快的速度被广为接受，成了华尔街的一项收费来源。渐渐地，另类投资的收费超过了机构投资咨询这一传

① 即 Pied Piper，源自欧洲民间传说的人物。传说德国的一个小镇遭受鼠患，居民们束手无策。后来，一位衣着华丽的花衣魔笛手出现，自称能铲除老鼠。居民们答应给花衣魔笛手丰厚的财物作为答谢，魔笛手便吹起笛子，全镇的老鼠都在笛声的引导下跑进河里淹死了。然而，居民们却没有兑现承诺，拒绝付给魔笛手酬劳。作为报复，魔笛手又吹起笛子，全镇的小孩都跟着他走了，再未出现。——译者注

统业务（2019 年，仅私募股权投资基金这一种另类投资便为华尔街创造了 250 亿美元的收费）。另类投资包含许多复杂的新型投资工具，随着另类投资的兴起，业内对分析师的需求大增，机构投资管理人员的薪酬也随之增加了。例如，到了 21 世纪初期，大卫·斯文森已然是耶鲁大学捐赠基金薪酬最高的员工，其年收入达数百万美元。而在福特基金会，投资主管的年薪在 20 年间上涨了 4 倍，从 2000 年的 50 万美元攀升至 2019 年的 250 万美元 [2]。

　　许多机构投资者都发现自己难以复制耶鲁大学捐赠基金的成功。一部分机构投资者进场太晚，最好的另类资产都已经被竞争者挑走了。其他机构投资者没能像耶鲁大学捐赠基金那样专注于另类资产。撰写本书时，耶鲁大学捐赠基金几乎放弃了传统的股票和债券投资，其投资组合的 75% 都是另类资产，其中 17% 是私募股权投资基金。耶鲁模式并非次次奏效。哈佛大学捐赠基金遵循了耶鲁模式的分散化投资策略，但在 2009 年，其与在机构投资者间扮演意见领袖的耶鲁大学捐赠基金的另类投资崩盘，下跌了 27% [3]。随后，哈佛大学捐赠基金投资的一片难以估值的农田在公允价值计量方面还引发了争议 [4]。截至 2020 年，已有多份公开发表的研究指出美国的大多数州养老基金、大学捐赠基金以及基金会支付的费用金额越来越高，聘用的专业人士越来越多 [5]，却没能跑赢 60/40 指数这一业绩比较基准。而 2010—2020 年，在假设另类资产管理机构对其投资组合估值准确的前提下，耶鲁大学捐赠基金的投资收益也仅能勉强跑赢 60/40

指数。

　　研究显示，机构投资者因为没有往投资组合中加入更多公开交易的证券而少赚了数十亿美元，然而机构投资者对此却并不十分在意。这类研究往往刊登在不知名的期刊上，机构投资管理人员鲜少研读。即便读了，他们大都也只会耸耸肩对研究结果表示不屑，嘴里说着："如果那些专家真有那么懂，他们自己怎么不去干私募，挣上个几百万美元？"此外，另类投资行业对外标榜的"风险低"以及"实现分散化投资，规避公开市场风险"也与研究结果相左。2020 年，投资咨询行业的先驱理查德·恩尼斯（Richard Ennis）发表了一篇文章，对采用耶鲁模式的机构投资者的收益波动，也就是风险，进行了详尽的分析 [6]。这篇文章由诺贝尔奖得主威廉·夏普（William Sharpe）[1] 和理查德·塞勒（Richard Thaler）[2] 评审，指出耶鲁模式在分散化投资方面能够实现的益处微乎其微，而投资指数基金却能够为机构投资者省下大笔费用并实现额外盈利。然而正如其他相关研究一样，这篇文章遭到冷落，被丢弃在一边。机构投资者对其不予关注，商业媒体也没有任何报道。

---

[1]　威廉·夏普是资本资产定价模型的奠基者，因其在金融经济学方面的贡献，与默顿·米勒和哈里·马科维茨三人共同获得 1990 年第十三届诺贝尔经济学奖。——译者注

[2]　理查德·塞勒是行为经济学和行为金融学领域的重要代表人物，因其在行为经济学方面的贡献获得 2017 年诺贝尔经济学奖。——译者注

基于上述研究发现，如果我们悲观一点便可以得出这样的结论：华尔街对耶鲁模式的推崇乃是赤裸裸的自私自利行为，是金融版的粉饰太平。投资银行的销售人员、机构投资管理人员以及投资顾问将传统的 60/40 模式变为复杂的核心／卫星投资组合，同时将收费上调至原先的 100 倍[7]。他们的伎俩无人识破。

究竟何谓机构投资者？

本书不断提及"机构投资者"，但"机构投资者"究竟指的是什么？机构投资者是拥有大量资金，能够投资并任命专业人士管理资产的大型实体。参与私募股权的机构投资者在规模和形制上种类繁多，图 7-2 展示了其多样性。华尔街将资产规模不足 1 亿美元的实体统统视为散户。因此，要成为机构投资者，需要管理至少 1 亿美元的资产。《走进世界顶级机构投资者》（*Inside the World's Top Institutional Investment Offices*）一书的合著者茜茜·曹（Sissy Cao）估计全美共有三四千家机构投资者[8]，参与并购的主要包括州立及市级养老基金、母基金（fund of funds）①、大学捐赠基金、非营利性基金会以及主权财富基金等。其中，规模最大的机构管理着超过 10 000 亿美元的资产。

---

① 也译作"基金中的基金"。——译者注

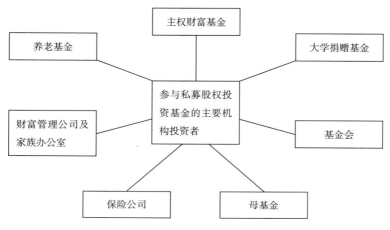

图 7-2　参与私募股权投资基金的主要机构投资者

州立及市级养老基金

绝大多数州等地方政府都会向其雇员提供养老金计划。养老金计划基于退休人员的工龄和年薪给付退休金，大都包含生活费用调整（cost-of-living adjustment）[1]，以此维持退休人员的购买力。养老金计划给付的退休金金额一般是固定的，退休金不会随养老金计划的投资资产市值变动而发生变化。即便养老金计划的投资资产随股市崩盘而下跌，给付退休人员的退休金也不会改变。为确保有足够多的资金来给付退休金，政府会从一般税

---

① 即根据通货膨胀调整货币退休金，把货币退休金增长率与物价上涨率联系在一起，使它们同比例变动。——译者注

收（general tax revenue）①中拨付一定金额给到养老金计划，在职
员工会缴纳一部分工资，养老金计划自身则会进行投资，产生收
益。公立养老金计划管理的资产规模庞大，据美国国家退休管理
人协会（National Association of State Retirement Administrators）估
计约为 30 000 亿美元 ⁹，对应的资产数量同样惊人，据城市研究
所（Urban Institute）②估计可逾 5 500 项 ¹⁰。其中，大多数资产都
属于加利福尼亚州养老金计划和纽约州养老金计划这样的大型州
养老金计划。

母基金

　　母基金是投资多种基金的资金池，其投资标的包括私募股权
投资基金、对冲基金以及房地产私募基金等。母基金使得不具备
相关专业知识和没有足够的资源去对多家基金管理机构进行筛选
的小型机构投资者和富裕个人可以参与到另类投资中来。此外，
投资母基金相当于同时投资了多种类型的资产，可以实现必要的
分散投资，从而分散风险。通过投资母基金，投资者可以绕开一
些基金较高的投资门槛 ③。私募股权投资基金的投资门槛就可能

---

① 所谓的"一般税"（general tax）与"目的税"相对，指为了国家的一般
　支出而非特定目的从而课征的税。——译者注

② 一家总部位于美国华盛顿特区的无党派智库。——译者注

③ 母基金通常具有相当的规模，因此可以帮助较小的投资者投资门槛较
　高的基金。——译者注

高达数百万美元。

大学捐赠基金

大学捐赠基金相当于大学的积蓄,有些捐赠基金是通过捐赠等途径经年累月、一点一滴积攒下来的。数十所大学的捐赠基金都超过了10亿美元,其中排名前5的哈佛大学、得克萨斯大学、耶鲁大学、斯坦福大学以及普林斯顿大学的捐赠基金规模都超过了250亿美元[11]。大学捐赠基金取得的收益用于大学的运营、奖学金的授予以及其他各项费用支出。大学捐赠基金属于非营利机构,因此美国税法要求绝大多数大学捐赠基金每年支出相当于其当年资产价值5%的金额。

非营利性基金会

非营利性基金会将投资收益用于慈善事业,其投资通常源自某一富裕家族或公司。非营利性基金会通常以赠款的形式向其他从事公益事业的慈善组织提供资金,有些基金会也会运营自己的公益项目。与大学捐赠基金类似,非营利性基金会每年的捐赠额不得少于其当年资产价值的5%。美国最大的非营利性基金会是比尔及梅琳达·盖茨基金会(Bill & Melinda Gates Foundation),其资产规模约为400亿美元。全美约有70家非营利性基金会的资产规模超10亿美元。

主权财富基金

主权财富基金是主权政府或国家的积蓄的一部分，其形式通常为金融资产，如股票、债券、地产、另类资产等。主权财富基金独立于央行持有的资金，由政府单独运营，其投资目标往往着眼长期。实际上，政府不会将其财政收入悉数花光，一部分资金会以信托的形式留给后人。挪威拥有全世界规模最大的主权财富基金，资产总额超过 10 000 亿美元，源自该国的巨额石油收益。排在挪威之后的三大主权财富基金依次为中国、阿布扎比酋长国和科威特国。这些国家同样拥有数额可观的盈余资金。

一般来说，机构投资者需要拥有 100 亿美元的资产才能支撑起自己的私募股权项目，其资本承诺会在 5 亿 ~10 亿美元之间。只有达到这样的资产规模，机构投资者才能雇用 5~10 名分析师来筛选基金管理机构、监督基金的业绩表现并监控基金的收费情况。若机构投资者的资产规模低于 100 亿美元，那"他们更适合投资小盘股公开指数"，养老金业绩比较基准供应商 CEM Benchmarking 的高级分析师亚历克斯·比思（Alex Beath）如是说，"小盘股公开指数基金与私募股权投资基金的关联度很高，费率却更低 [12]"。

机构投资者的首要目标是什么？

机构投资者的首要目标有三个：①保存资本；②避免投资组合遭受重大损失；③在实现前两个目标的基础上取得合理收益。

所谓"重大损失"即任一给定期间内的损失大于等于10%，而"合理的年化收益率"为8%，不过许多机构投资者都志在实现10%的年化收益率（图7-3）。

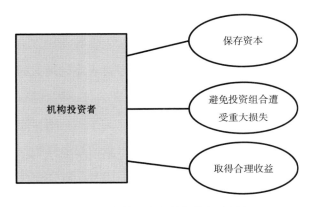

图7-3　机构投资者的投资组合目标

　　机构投资者遵循复杂的现代投资组合理论，同时涉足公募与私募资产组合，试图以此在取得高收益和价值波动低两方面同时超越公开交易的股票和债券这一业绩比较基准。机构投资者通常会将挑选投资资产和实施投资策略的工作交由第三方资产管理团队完成。第三方资产管理团队可大可小。小到只有数十人，为小型机构投资者服务；大到逾200人，为大型机构投资者服务。对资产管理人员的监管主要由机构投资者的内部工作人员负责，为机构投资者设计投资策略的外聘咨询顾问有时也会参与。

　　耶鲁模式的早期成功促使许多基金重新审视其一贯的投资资产选择标准，即以公开交易的股权和债券为主的传统投资组合。起初，机构投资者将私募股权和投资基金等另类投资视为新型的小众金融产品——本质上是以股权为导向的金融资产，能够在不刻意增加投资组合风险的前提下小幅提升投资组合的总收益。它们将另类投资工具中的一大主力——房地产私募基金——视为涉足股市未能充分反映的资产类型[①]的一种途径。

　　另类资产不仅看似收益更高，历史业绩的波动似乎也比公开交易的对应资产要小（例如，私募股权与公开交易的普通股、对冲基金与股票 / 债券组合、对冲基金与考虑通货膨胀因素的美国长期国债、房地产私募基金与公募房地产投资信托基金）。例如，2008 年美国股市收益为 –37%，而杠杆收购基金对外宣称的损失仅为 –26%。

　　此外，对冲基金承诺实现堪比股权投资的收益以及类似债券投资的价值波动水平。对冲基金意在买空看涨的股票，同时卖空看跌的股票；或将股权投资与债券以最优方式组合起来；或审慎利用垃圾贷款，取得较之普通债券更高的净收益。

　　另类资产与股票及债券之间的收益关联看似较低，因此将其加入由股票和债券构成的传统投资组合似乎可以有效实现分散化投资，在维持（或提升）收益的同时降低波动（即风险）。许多机构投资者在涉足另类投资前都做出了上述那般分析。之后，它们将自己的投资组合中另类资产的占比翻了一番，支付给第三方投资管理机构的费用也随之水涨船高（机构投资者在私募股权投

---

① 即地产。——译者注

资基金中扮演的角色详见图 7-4）。

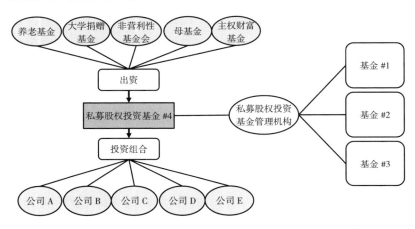

图 7-4　机构投资者在私募股权投资基金Ⅳ期中扮演的角色

马里兰州养老金计划编制的一份年度报告中，有一节内容以"投言投语"阐述了机构投资者涉足私募股权投资基金希望实现的目标：

  我们投资了不同类型的资产，一方面是为了取得足够多的收益来实现本养老金计划的长期收益目标，另一方面是为了实现分散化投资从而降低收益波动。例如，完全由股权投资构成的投资组合长期收益够高，能够满足本养老金计划在收益方面的需求，但这样的投资组合公允价值波动过于剧烈，难以实现尽可能降低投资价值波动、实现盈余收益的目标。将股权投资与其他类型的资产组合在一起可以制造出多种收益来源，降低收益波动，且有助于实现本养老金计划在债务方面的目标[13]。

在实操中，机构投资者通常会在财年开始前定下跑赢复合被动型指数的目标。所谓的"复合"指的是能够反映该机构投资资产配置的公开业绩比较基准的加权平均值。机构投资者会聘请咨询顾问来设计这一复合衡量标准。但按照惯例，机构投资者和咨询顾问都不会披露复合衡量标准背后的确切设计方法。待到财年结束，机构投资管理人员会宣布该机构实现了自己跑赢复合被动型指数的目标，鲜有例外。一种典型的说法是："业绩比较基准为6%，而我们的投资组合实现了7%的收益率。"有些管理人员只会谈及收益率，不会透露比较基准是多少。整个过程的核心在于使机构投资管理人员免受客观公正的评价，让他们对外留下积极的印象。

正如上文摘录的马里兰州养老金计划年度报告所示，机构投资管理人员喜欢用晦涩的术语来粉饰自己的所作所为，让受过教育但不了解金融的非专业人士听得一头雾水。此外，他们还会大量提及听起来十分科学的统计学术语，如阿尔法系数、贝塔系数、标准差、因子收益率（*factor return*）、C统计量（*c-stat*）和R平方（*R squared*）。诸如此类的数学名词不胜枚举。机构投资者的季度报告亦是如此——动辄超过100页，充斥着只有最敬业的机构理事会成员才能看懂的文字、数据和图表[14]。这样的做法在年度工作总结及薪资调整大会上可以像铠甲一样将机构投资管理人员欠佳的业绩掩藏起来，保护他们免遭责难。然而，对试图弄清机构投资者的真实业绩究竟为何的高级管理人员来说，这样做未免太不公平。

信托义务

在美国，许多机构投资者都是受托人（fiduciaries），也就是说它们是在替他人管理资产。作为受托人，机构投资者理应做到诚实、守信与谨慎。从这个意义上讲，处理信托事务时，机构投资者及其工作人员应当以受益人的需求为优先，避免自身经济利益与领取养老金的退休人员、慈善事业，以及贫困学生等受益人的利益相冲突。例如，作为受托人的基金会员工不应向基金会推介他的朋友运营的对冲基金。此外，机构投资者应当以负责任的态度管理受益人的资金，慎重进行资产配置，在确定投资项目前进行恰当的尽职调查。实操中，机构投资者会在许多工作细节上要花招。他们会在投资资产配置与投资项目筛选的决策过程中安插律师和财务顾问，以此彰显自己遵守了合规要求。

外部顾问除了向机构投资者提供建设性意见，还会在出问题时为机构投资管理人员提供法律层面的保护。如此一来，若某只州养老基金投资收益远低于被动型业绩比较基准，业绩排在同类型机构的末位，或因一项糟糕的并购交易损失了大笔资金，其管理人员和理事会成员就可以大手一挥，指向外聘的专家顾问，说："哎呀，这可不是我们的错。是他们建议我们这么做的。"不管发生什么，司法系统都会确保受益人不可能真的取得救济。2017 年肯塔基州退休人员控告黑石集团和科尔伯格·克拉维斯·罗伯茨集团这两家私募股权巨头的集体诉讼纯属个例，因为机构投资者不愿承认其在选择投资项目上的决策错误[15]。2020 年美国联邦最高法院（U.S. Supreme Court）的一项决策让控告养老金计划受托人违反信托义务变得更加困难[16]。对于大学捐赠基金和基金会这样的机构来说，要界定具体是哪些受益人遭受了损失（以及他们因资产管理人的过失而遭受损失的具体情况如何），在任何情况下都是困难重重的（图7-5）。

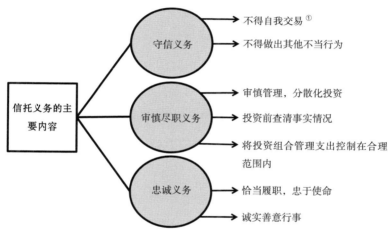

图 7-5　机构投资背景下的信托义务

投资顾问

　　机构理事会成员在涉及私募股权投资的决策过程中极度依

---

① 自我交易是指一个负有信托责任的人促成了一项对自己有利的交易，违反了他的法定义务，可能会使交易的客户或其他方处于不利地位。——译者注

赖外部投资顾问以及内部工作人员，而这两者都能从包含大量另类资产的投资组合中获利。外部投资顾问和内部工作人员都想一战成名，光凭投资公开股票指数可无法实现这个目标。在某种程度上，建立复杂的投资组合有利于外部投资顾问和机构的内部工作人员保住自己的饭碗。如果机构理事会放弃投资私募股权、对冲基金、地产和大宗商品，转而投向 60/40 指数，那么机构对外部投资顾问和高薪内部员工的需求将迅速减少。因此，即便过去15 年间耶鲁模式与被动型 60/40 指数的业绩高下尚不明朗，外部投资顾问和机构内部工作人员都对私募股权投资基金及其他另类资产大肆吹捧。外部投资顾问极力推荐机构投资者增加另类投资，内部工作人员则不断附和。机构理事会成员缺乏金融专业知识，对华尔街的行事风格也不甚了解，但这并未妨碍他们投下赞成票，不断加大机构在私募股权投资基金方面的投资力度。但其实，作为受托人，机构理事会成员至少应该履行监督责任，提出有洞察力的尤其是关于历史业绩和未来收费这两方面的问题[17]。"我们绞尽脑汁但还是难以理解（机构执着于耶鲁模式这件事）。"指数基金供应商先锋领航集团的克里斯·菲利普斯（Chris Philips）如是说[18]。遗憾的是，许多机构理事会成员在自己的领域内业绩斐然，对于华尔街的行事风格却不甚了了。面对一屋子所谓的"专家"，他们过于害怕尴尬，因而不愿提问。就这样，外部投资顾问和机构内部工作人员里应外合，一唱一和，一路高歌猛进到了2021 年。

　　机构理事会成员中熟悉华尔街的高管无一不来自私募股权、

对冲基金以及主动管理型投资领域。我针对顶级非营利性基金会和大型州养老基金所做的一项调查显示，这些机构的理事会成员中没有一位高管出身指数基金。跻身机构理事会的高管要么社会地位很高，要么在慈善事业方面有资源，要么有能力进行政治募捐，可以在机构中为自己谋个闲职、挂个名。这些高管在对机构投资组合提出意见和建议时或许有意保持公正，但人性使然，他们很容易在另类投资和公开证券间倾向于前者，要么是因为他们真的坚信另类投资更好，要么只是下意识的偏向它。特勒斯研究院（Tellus Institute）[①]注意到了这一点，指出"大学的理事会严重依赖从事金融服务的受托人，而且这些受托人中有许多都来自另类投资行业。这一做法令大学理事会无法保障其对耶鲁模式进行了有力监督 [19]"。一位大学捐赠基金咨询顾问表示："担任机构理事会成员的高管有时会相互'行方便'：如果你向你挂名的捐赠基金推荐我的私募股权投资基金，那么我也会向我任职的机构推荐你的。"无论好坏，机构理事会成员提名委员会都会向财富和地位看齐，现状很难改变。

　　围绕机构理事会治理和机构投资组合的严肃讨论永远绕不开虚荣心问题。

●　*"理事会成员希望觉得自己很重要。"*

———————————

① 　一家非营利国际跨学科机构。——译者注

- "他们觉得自己做出了贡献。"
- "他们希望回到乡村俱乐部（country club）[①]时可以说'我批准向高盛的一只私募股权投资基金投出 1 亿美元的资本承诺'，而不是'我们批准投资一只指数基金'。"
- "私募股权比指数有趣多了。"
- "私募股权收益更高。"

上述言论并不符合信托义务，却是许多机构理事会成员心态的集中体现。

保持审慎

在私募股权项目获批通过的过程中，机构投资者最大的过失或许在于没能保持审慎。机构投资者在做出投资决策前进行的相关调查之完善程度以及投资后对后续费用支出的监管力度，相较于其投资涉及的资金规模都远远不够。

假设某州养老金计划向一只新成立的 100 亿美元私募股权投资基金 V 期投资了 5 亿美元，那么在该基金为期 10 年的存续期内，该州养老金计划需就这 5 亿美元的资本承诺向私募股权投资基金管理机构支付约 7 500 万美元的费用。这可是一大笔钱。如果将这 7 500 万美元留作他用，没准可以帮助数以百计的贫

---

① 美国富人聚集在一起进行体育运动和社交的团体及其场所。——译者注

困家庭改善居住条件。机构投资者在做出高额资本承诺前应仔细研究、反复斟酌。作为参照，在并购实践中，若买家要收购一家价值 7 500 万美元的公司，便会在达成交易前派出一支由会计师、律师、估值人员、公司运营管理人员以及其他专业人员组成的专门顾问小队，对标的公司展开详尽的尽职调查。这样做的目的是让买家对卖家提供的信息进行独立验证，就像普通老百姓购置房产前会请验房师对计划购买的房屋进行检查一样。并购交易买家会花大价钱做尽职调查，州养老金计划也应如此。

上文中，州养老金计划给付私募股权投资基金管理机构的费用金额与收购价值 7 500 万美元的公司花费相同，但州养老金计划对私募股权投资基金的调查要比收购公司的尽职调查松懈许多，对私募股权投资基金 V 期也过于信赖。州养老金计划不会派出顾问小队去彻查前一期基金（即私募股权投资基金IV期）的账目，不会对私募股权投资基金IV期的投资组合公司进行实地考察，也不会为私募股权投资基金IV期的投资组合公司编制深入细致的估值报告，对其公允价值进行验证。州养老基金不会尝试招揽其他投资者一同完成上述细致调查，从而分摊约为 50 万美元的调查费用。实际上，州养老基金对私募股权投资基金管理机构提供的数据照单全收，较之同等金额的企业并购交易买家所进行的调查分析之深入细致，州养老基金对私募股权投资基金的信赖程度可谓非同寻常。机构投资者常常将自己应做的部分调查工作外包给第三方咨询机构，但这样做会造成利益冲突，因为原本正是第三方咨询机构向机构投资者推荐的私募股权投资基金 V 期。第三方咨询机构很少甚至没有对私募股权投资基金Ⅳ期的相关数据进行独立审计。对此，第三方咨询机构和养老金计划辩解称其在尽职调查方面预算有限，导致调查进展缓慢、效率低下。它们还解释说："顶级私募股权投资基金声名显赫，会爱惜自己的羽毛。它们何苦为了募集新基金欺骗客户，砸自己的招牌？"不管在什么样的情况下，如果一个规模达万亿美元的行业竟是仰仗着见多识广、心性冷酷的华尔街人士的诚信而得以存续，都该在公共政策领域引发忧虑。然而，时至今日，立法机构和监管机构均未对上述事实予以关注。

机构投资者对私募股权行业的宽容在收费上也有所体现。根据我的经验，相关会计准则不要求核算私募股权投资基金的业绩报酬，因此绝大多数机构投资者都忽略了这类费用，只核算固定管理费，但其实只消简单询问基金管理机构便能取得基金业绩数据。"不问，不说"[①]是机构投资者的座右铭。类似地，私募股权投资基金管理机构向投资组合公司收取的监控、管理及交易等费用在核算上也是以上述方式处理。

---

① 即 "Don't ask, don't tell"，引申自美国 1994—2010 年对待军队内同性恋者的政策。这一政策由比尔·克林顿提出，指的是只要军队中的同性恋者不主动表示他们的性取向，长官就不会揭露、驱逐他们。——译者注

本章小结

我是研究私募股权的，因此许多观察人士都问我："为什么那么多机构投资者都坚持投资私募股权投资基金那样收费高昂的主动管理型资产？这种资产的收益明明可以通过收费较低的指数工具复制出来，甚至指数工具的收益还可能更高。"这个问题的答案可能有以下几种。

机构投资者真的相信私募股权行业对外宣称的论调。 机构投资者会认为自己在选择诸如私募股权投资基金这样的投资标的上能比别的机构更胜一筹。这是人性使然，不过科学证据显示事实恰恰相反。威斯康星州投资委员会（State of Wisconsin Investment Board）的执行理事（executive director）大卫·比利亚（David Villa）的言论反映了这一点："大量的私募股权、房地产私募基金和私募债会使阿尔法系数变大 ①，取得大量收益。[20]"

机构工作人员在为自己的职业生涯做打算。 投资管理人员之所以能够事业有成、赚取高薪是因为他们采用了复杂的投资组合策略，而非投资被动型指数。无论是有意还是无意，投资管理人员都不希望因投资被动型指数而让自己丢掉饭碗。

投资顾问坚持。 机构投资者聘请投资顾问一方面是为自己

---

① 在金融领域，阿尔法系数是一种常用的投资业绩指标和风险衡量标准。投资者通常更喜欢具有高阿尔法系数的投资。——译者注

出谋划策，另一方面是让投资顾问在拟投资私募股权投资基金的筛选上替自己把关、背锅。投资顾问喜欢往投资组合里加入另类投资，称另类投资收益更高且风险更低，尽管这一论断显然与现代金融理论相悖。机构理事会成员不愿反驳这些专家的言论。

机构投资者有斯德哥尔摩综合征（Stockholm Syndrome）。斯德哥尔摩综合征指的是人质对挟持者产生心理联结的一种心理问题，最初因 1973 年发生在瑞典斯德哥尔摩的一起银行抢劫案而为人所知。该案中，4 名人质拒绝指证挟持他们的 2 名劫匪，甚至还筹资为他们辩护。如今，机构工作人员与华尔街专业人士打了太多交道，听了太多私募股权投资管理机构的推销，成了私募股权行业的俘虏。机构工作人员接触不到与私募股权行业唱反调的观点，于是变得视野狭窄。这为他们听信私募股权行业的宣传、盲目从众的行为提供了温床。

上述 4 个可能解释机构投资者为何拒绝在其投资组合中加入大量指数工具的观点中，"机构工作人员在为自己的职业生涯做打算"这一点显然是最令人忧心的。机构工作人员可能非常清楚私募股权并不灵光，但还是向其投入大量资金，为建立复杂且需要全职管理的投资组合之必要性进行辩护。这一解释机构投资者缘何钟情于主动管理型投资的理由太过利欲熏心、卑鄙下作，简直令人不敢想象。受益人数十亿规模的资金居然成了数千名机构工作人员职业发展的牺牲品。除这一点外，其他 3 个解释都未超出人性弱点和行为金融学（behavioral finance）①的范畴，不似"为职业生涯做打算"一般恶意满满。机构理事会成员需要保持警醒，对上述4个可能导致机构投资者青睐主动管理型资产的动机进行排查。

---

① 行为金融学将心理学尤其是行为科学的理论融入金融学，是金融学的边缘交叉学科。——译者注

第八章

私募股权从业人员

　　2018 年 10 月，凯雷投资集团（Carlyle Group）的大卫·鲁宾斯坦（David Rubenstein）登上了北美阿拉伯银行家协会（Arab Bankers Association of North America，ABANA）主办的年度晚宴的领奖台。北美阿拉伯银行家协会是一家面向对中东地区感兴趣的美国金融从业者的非营利组织，大卫·鲁宾斯坦获得了其颁发的年度成就奖。晚宴于纽约市奢华的广场饭店（Plaza Hotel）[①]举办，汇集了 500 位美国 – 中东投资圈内有权有势的人物[1]，其中包括与中东地区石油藏量丰富的酋长国联系甚密的摩根士丹利、黑石集团、高盛和花旗集团（Citigroup）等美国顶级银行的员工。

　　晚宴来宾向获奖的大卫·鲁宾斯坦致以礼貌的掌声，他们清楚大卫·鲁宾斯坦乃是私募股权行业的领军人物。大卫·鲁宾斯坦是凯雷投资集团的联合主席。凯雷投资集团是全球最大的资产管理机构之一，旗下有多只基金，业务遍及全球，收取的费用数以十亿美元计。《福布斯》（Forbes）杂志认为大卫·鲁宾斯坦的

---

① 广场饭店位于美国纽约第五十九街，是纽约市的地标建筑之一。它和中央公园隔街对望，东临大将军广场，因此而得名广场饭店。纽约广场饭店自开业来一直是名流要人下榻之地，被认为是名流的代名词。——译者注

净身家为 30 亿美元，将其列为美国富豪榜第 275 位。大卫·鲁宾斯坦是美国政界少有的在商业极具影响力的人物，其恰到好处的慈善行为与极高的商业地位帮助他获得了肯尼迪艺术中心（Kennedy Center）[1]主席、史密森学会（Smithsonian Institute）[2]主席、美国外交关系学会（Council of Foreign Relations）[3]主席等极富威望的职位。

大卫·鲁宾斯坦在筹资与营销推广方面为凯雷投资集团付出了巨大的努力。他不停地出差，在投资相关的会议上发言，与潜在客户见面。不同于许多金融大鳄，大卫·鲁宾斯坦展现出了更加柔和、睿智的一面。在我出于个人原因想要换工作时，一位共同的朋友安排我与他这位当代的克里萨斯王（Croesus）[4]见了一面。大卫·鲁宾斯坦虽然在换工作上没帮上我什么忙，却仔细研读了我写的一本书。他问我："写一本书需要花费多长时间？"给我留下了很深的印象。换作别的华尔街人士，问题很可能就会变

---

[1]　肯尼迪艺术中心在美国文化界占有举足轻重的地位，其以美国总统肯尼迪命名，以纪念这位遇刺的总统。——译者注

[2]　史密森学会是唯一由美国政府资助的半官方性质的博物馆机构，由英国科学家 J. 史密森遗赠捐款，根据美国国会法令于 1846 年创建于首都华盛顿。学会下设 14 所博物馆和 1 所国立动物园。——译者注

[3]　又译美国外交协会、美国外交理事会，是美国政府的重要智囊团。——译者注

[4]　克里萨斯王是吕底亚国最后一位国王，财富惊人。这里意指大卫·鲁宾斯坦是一位大富豪。——译者注

成："读一本书需要花费多长时间？"后来，大卫·鲁宾斯坦自己写了 2 本书，还主持了一档在全美多家电视台播出的谈话类节目。节目主要邀请商业巨头作为嘉宾，提的问题大都不痛不痒。例如，抛给亚马逊的杰夫·贝索斯（Jeff Bezos）的问题是"亚马逊的股票今年涨了 70%，这个责任该由谁来负？[2]"

然而，就在大卫·鲁宾斯坦在北美阿拉伯银行家协会年度晚宴的领奖台上发表获奖感言的同时，凯雷投资集团精心立起的人设已经有了一丝"塌房"的迹象。凯雷投资集团的私募股权投资基金大都没能跑赢公开权益类指数，其收益不及同类基金的平均水平[3]。凯雷投资集团于 2012 年完成了首次公开发行，而此时其股价疲软，表现远弱于大盘。凯雷投资集团旗下基金的投资组合公司处在破产的尴尬境地，败坏了凯雷投资集团的公众形象。全美第二大连锁疗养院 Manor Care 在遭凯雷投资集团杠杆收购后的第 6 年破产。此次交易使 Manor Care 背上了 70 亿美元的债务。尽管如此，凯雷投资集团还是在 Manor Care 破产前榨取了大量分红。据《华盛顿邮报》（Washington Post）报道，Manor Care 破产前降低了其患者的医疗标准。这些患者中有许多都是穷人或残障人士[4]。

凯雷投资集团的另一桩丑事是美国费城能源解决方案公司（Philadelphia Energy Solutions，PES）的破产。美国费城能源解决方案公司是一家历史悠久的炼油厂。该厂原计划于 2012 年关闭，却被凯雷投资集团以 1.75 亿美元的投资盘活。宾夕法尼亚州的政客盛赞凯雷投资集团的这一行为，称其挽救了 850 个高薪职位。后来，美国费城能源解决方案公司在 2018 年 1 月申请了破产保护，绝大多数高薪职位都随之消失了，凯雷投资集团却全身而退，还从美国费城能源解决方案公司身上榨取了5.14亿美元的分红，使其原始投资翻了一番还多[5]。考虑到炼油厂的衰落，这一金融手段可谓妙哉。

　　凯雷投资集团的一个更大的项目——食品营销服务巨头Acosta——在2014年被收购后遭遇了经营困难。消费者购买习惯的改变致使该公司生存能力降低。就在大卫·鲁宾斯坦在北美阿拉伯银行家协会年度晚宴发表获奖感言的一年后，Acosta公司背负着30亿美元的债务申请破产。该公司的破产造成了凯雷投资集团最大的单次损失——对Acosta公司14亿美元的股权投资[6]。这些负面新闻被其他正面事项所抵消，并未对凯雷投资集团的发展造成什么影响。2018年7月，逾300家机构投资者排着队要投新设立的180亿美元的凯雷Ⅶ期私募股权投资基金[7]。大卫·鲁宾斯坦和凯雷投资集团留下的遗产应该还有很多可供私募股权从业者效仿的空间。

私募股权投资基金管理机构的组织架构

　　中小型私募股权投资基金管理机构由两类人员构成：投资专业人员和行政管理人员。像凯雷投资集团那样旗下拥有多只基金的巨型私募股权投资基金管理机构还会包含第三类人员——运营顾问。其中，投资专业人员是三类人员中人数最多的（图8–1）。

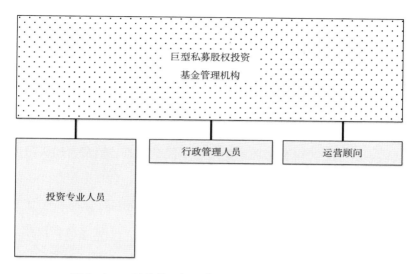

图 8-1 巨型私募股权投资基金管理机构组织架构图

考虑到私募股权投资基金的收费能力，其运营管理人员数量少得惊人。旗下拥有数只基金、年收费金额达 10 亿美元的巨型私募股权投资基金管理机构可能只有数百名员工。以 30 亿美元的投资者资本承诺排名第 20 位的 Vestar Capital 运营着 3 只主动管理型基金，其投资专业人员不过 30 人[8]。加上运营顾问、行政管理人员和业务支持部门人员，Vestar Capital 的员工总数不过 60 人。我曾任职的私募股权投资基金管理机构 EMP（Emerging Markets Partnership）在鼎盛时期的员工数量也不过 140 人，当时它管理着 5 只基金，投资者承诺总额为 50 亿美元。图 8-2 展示了旗下拥有 3 只基金的私募股权投资基金管理机构的组织架构。

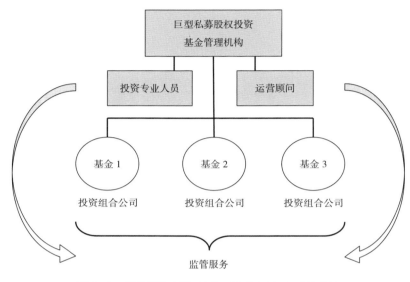

图 8-2　私募股权投资基金对投资组合公司的监管

　　拥有多只基金的私募股权投资基金管理机构的投资组合中一般会有 40~50 家公司，投资组合公司的员工总数可达数千乃至数万名。私募股权投资基金管理机构拥有投资组合公司的多数股权，通过向投资组合公司董事会安插自己人、批准投资组合公司的管理层任命、监管投资组合公司业绩以及向投资组合公司提出建议等方式对其进行监督和管理。私募股权投资基金管理机构的运营顾问和第三方咨询顾问会向投资组合公司的高管提供协助，投资专业人员也会为投资组合公司在金融工程方面的操作以及附加型收购提供帮助。得益于其控股权，杠杆收购基金对投资组合公司拥有绝对控制权，在投资组合公司运营方面给出的建议要比创业投资的分量更重。在创业投资中，私募投资者只持有投资组合公司的少数股权，多数股权掌握在投资组合公司的创始人／经营管理者手中（图 8-3）。

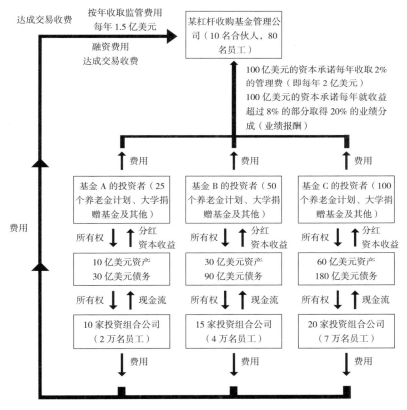

图 8-3　管理着 3 只基金的私募股权投资基金管理机构图解（含收费情况）

投资专业人员

投资专业人员是私募股权投资基金管理机构中数量最多的员工类型。他们肩负着重要职责。

基金成立伊始，投资专业人员会去寻找潜在项目，从数百个投资机会中筛选出少量潜在标的进一步调研。他们从商业和金融这两个角度对这些潜在标的进行分析。在此期间，投资专业人员还一直与投资银行家、律师、拟出售公司的员工等外部人士保持着沟通。

随着并购工作不断推进，投资专业人员会着手进行竞价及筹资工作。他们对潜在标的进行估值，与卖家及其顾问进行谈判，用计算机从金融角度对交易进行建模①。投资专业人员会与并购交易的出资人以及出资人的律师和咨询顾问通力协作。

达成交易的最后几个步骤包括完成尽职调查、准备法律文件、进行额外的分析工作以及完成更多谈判。一旦目标公司被成功纳入私募股权投资基金的投资组合，投资专业人员便会着手对目标公司的运营情况进行监控与管理，协调其在战略、财务与运营方面的管理变革。

投资专业人员掌握一系列复杂的知识与技能，拥有丰富的经验。要取得成功，"你大概更需要具备投资银行家而非投资者的经验技能"，曾担任对冲基金管理人员，现在负责运营Foundation Financial Research的约翰·塞茨（John Seitz）如是说[9]。投资银行家的工作职责包括协调各方达成一致、就交易进行谈判以及推销，与精明老练的公开证券投资者区别显著。公开证券投

---

① 即金融建模，指在计算机上构建量化金融模型、进行金融计算。——译者注

资者会从外部对股票进行调研，其分析往往基于公开资料，在评估证券的每日价值时会保持冷静理智，始终基于新取得的信息权衡持有证券的利弊。与之相对，完成一项并购需要 3~4 个月的时间。在此期间，达成交易才是重中之重。

行政管理人员

私募股权投资基金管理机构在行政方面的工作涉及方方面面，程度各有不同：监控基金管理机构与机构投资者的关系变化、完成日常办公任务、维护基金管理机构内部人际关系并处理法律事务，以及推进私募股权投资基金相关会计核算工作。

运营顾问

大型私募股权投资管理机构会聘用曾在符合杠杆收购要求的公司担任高管的人员。Vestar Capital 的 2 名运营顾问弗兰克·英加力（Frank Ingari）和韦恩·卡拉汉（Wayne Callahan）就是很好的例子。弗兰克·英加力曾任医疗管理巨头 Tandigm Health 的首席运营官，而韦恩·卡拉汉是消费食品公司亨氏公司（H. J. Heinz）的前高管。运营顾问与投资组合公司的高管共事，以前辈的身份就如何促进销售、提升利润为投资组合公司的高管出谋划策。

员工背景与多元化

可以想见，我见过（或调研过）的绝大多数私募股权从业者都拥有投资银行的工作经验。他们在华尔街学会了如何营销、如何完成并购交易、如何进行债务融资以及如何增发股票。除投资银行外，私募股权从业者第二常见的工作背景是管理咨询。管理咨询工作侧重公司运营，拥有这类技能的员工可以对私募股权投资基金的潜在收购标的进行估值，掌握其运营状况。一项针对排名前 20 的私募股权投资基金员工教育背景的统计显示，80% 的员工要么是藤校本科毕业，要么是排名前 10 的商学院的 MBA（即工商管理硕士）。总的来说，这些员工聪明、勤奋而又雄心勃勃。他们对数字非常敏感，精通商业分析。不过，其中一些人也给观察人士留下了骄傲自负、自以为无所不知的负面印象。"我不喜欢被一个 29 岁的沃顿 MBA 教训，他根本不了解情况，不清楚我公司的运营状况。"一位年纪稍长的运营管理人员如是说。私募股权投资基金工作的高薪与声望增强了员工的这一特质。此外，许多私募股权从业者态度傲慢，与他们从小家境优越、在成长阶段被家人保护得很好不无关联。

私募股权投资基金合伙人的同质性之强，令人震惊。18 个规模最大的并购集团中，有 10 个对外披露了其一般合伙人的照片。一项针对这 10 个并购集团的 358 位合伙人的统计显示，这些合伙人几乎都是白人男性，此外还有少数亚裔。358 位合伙人中，只有不到 10% 是女性。非洲裔合伙人甚至只有 2 名。

白人男性对私募股权行业的统治逃过了少数族裔平等工作机会相关政策的监管。这一问题不时便会暴露出来，例如，2020年6月《华尔街日报》刊载的一篇文章便揭示了这一问题。然而，情况却不曾改变[10]。

团队观念

完成私募股权交易需要一整个团队通力协作，而非个人单打独斗。投资专业人员树立团队观念的目的有两个：①推动交易执行；②打消投资者在持续性方面的顾虑。

在交易方面，私募股权投资基金通常会组建一支由5名专业人员组成的并购团队：一名普通合伙人、一名董事总经理、一名副总裁、一名经理（associate）和一名分析师（analyst）。其中，普通合伙人有15年以上的工作经验，董事总经理和副总裁的工作经验分别不少于10年，经理不少于5年，分析师则不少于1年。并购过程中，团队成员通力合作，资历浅的成员会向前辈们学习。私募股权投资基金管理机构员工数量有限，员工在工作中交往密切、时常联系，因此彼此间必须和谐相处。

出于金钱利益方面的考虑，机构投资者对以基金为单位的团队观念持肯定态度。若私募股权投资基金Ⅰ期的历史业绩不错，机构投资者便会认为沿用该基金运营团队的原班人马有助于让接下来的Ⅱ期基金延续Ⅰ期基金的辉煌。在20世纪80年代和90年代，普通合伙人会抽走基金收费收入中的绝大部分，导致级别较低的员工跳槽去新成立的基金或薪酬更优厚的竞争对手那里。基金的收益逐渐降低，机构投资者见状，敦促普通合伙人提升级别较低的员工的薪资待遇，让他们也能从业绩报酬中分得一杯羹。如此一来，级别较低的员工被金钱所笼络，就没那么想跳槽了。

受托责任

长期与私募股权投资基金管理机构工作人员打交道的经历以及那些人的肢体语言会让人觉得私募股权投资基金从业者都需要完成一项基本职责——最大限度地为雇主谋取固定收费和业绩报酬。这一做法将私募股权投资基金管理机构工作人员偶尔为之的不当行为——例如人为操纵收益、为榨取分红过度加高投资组合公司的杠杆、向投资者和投资组合公司收取高昂费用——合理化为实现"利润最大化"的努力，令其归属法律允许的范畴，变得情有可原。参与私募股权的各方虽然在取得收益方面达成了一致，可一旦各方利益出现偏差，私募股权投资基金管理机构的工作人员便会面临潜在利益冲突。

例如，一旦一位私募股权投资基金管理机构的高级管理人员成为一家投资组合公司的董事会成员，他便要承担起双重受托责任（dual fiduciary）。一方面，他对私募股权投资基金及其投资者负有信托义务；另一方面，他对投资组合公司的利益相关方也负有受托责任。实操中，兼任投资组合公司董事会成员的私募股权投资基金高级管理人员可能会被要求做出不利于投资组合公司的行为。此外，他对基金投资者负有义务，同时也拥有基金管理机构的部分所有权。而基金投资者的利益与基金管理机构的利益可能无法兼顾（图 8-4）。

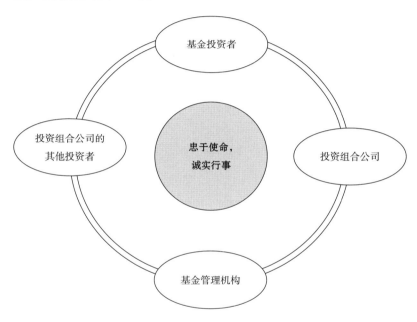

图 8-4　私募股权投资基金高级管理人员的受托责任

另一种情况是：基金指使投资组合公司增加负债，以此向基金投资者发放分红（这也是金融工程的一种）。分红可以提升基金的即时收益，但根据私募股权投资基金高级管理人员对投资组合公司的了解，增加负债会加大该公司面临的短期偿债风险（near-term insolvency），而投资组合公司新增债务的债权人对此并不知情。这种情况下，私募股权投资基金高级管理人员该怎么做？他应该更忠于哪一方？严格的法律解释认为他对各方均负有义务，但这样的解读会将这位高级管理人员置于两难境地。

再举一个例子。基金利用贷款在投资者缴款前收购了一家公司。这样做会拉高基金的内部收益率，令其四分位业绩排名跃至前 25% 分位。不明就里的投资者对此欢欣鼓舞。他们缺乏相关专业知识，无法识破基金巧用贷款的小花招。基金管理机构会利用这一前 25% 分位的排名招揽新的投资者。那么，私募股权投资基金高级管理人员是否应当反对基金利用贷款，因为这样做会人为拉高内部收益率？

私募股权投资基金以可转换优先股（convertible preferred stock）的形式投资的情况并不鲜见。较之投资组合公司员工持有的普通股，可转换优先股享有优先权[1]。可转换优先股和普通股这两种所有权形式在表决权、再融资（refinancing）以及破产等事项上的经济利益或有不同。私募股权投资基金高级管理人员该如何处理这一冲突？

---

[1] 可转换优先股赋予持有人把优先股以特定比例转换为其他种类的股票的选择权。可转换优先股的优先权一般体现在：①在分配公司利润时可先于普通股且以约定的比例进行分配。②当股份有限公司因解散、破产等原因进行清算时，优先股股东可先于普通股股东分得公司的剩余资产。③优先股股东一般不享有公司经营参与权，即优先股股票不包含表决权。但在涉及优先股股票所保障的股东权益时，优先股股东可发表意见并享有相应的表决权。④优先股股票可由公司赎回。——译者注

　　律师会提供建议，指导基金协调投资组合公司利益相关方、投资者以及基金合伙人间的利益冲突。至少私募股权投资基金高级管理人员对于自己肩负着多重受托责任这一事实心知肚明。基金可以召集法律专家以及其他专业人士帮自己遮掩一些游走在灰色地带的行为，但正如上文所述，私募股权的运营体系中暗含多重冲突，使得基金管理机构工作人员很难遵循正直守纪、安分规矩的道德标准。即便是最正直、最诚实的基金管理机构工作人员，在为雇主利益而做出接近乃至超越底线的行为之事上面对的诱惑也过大。监管部门不愿采取行动，受害方鲜少诉讼成功。如此这般，有效监管的缺失令突破底线变得容易。2020 年 6 月，美国证券交易委员会发布了《风险预警：私募基金管理实体审查结果》(*Risk Alert: Observations from Examination of Entities Managing Private Funds*) [11]。这一出版物详细列举了美国证券交易委员会在对数百家基金管理机构进行审查时发现的一长串与利益冲突有关的不当行为。尽管如此，多年来，美国只有少数基金管理机构因违规行为受到经济处罚。

本章小结

　　私募股权投资基金从业人员勤奋并且受教育程度很高。他们掌握着一系列基本上只有华尔街人士才拥有的纷繁复杂的技能；此外，他们知识储备惊人，涵盖了交易、金融、商业分析与运营等多个方面。不管以哪项客观标准衡量，私募股权投资基金从业人员运营的基金都没能跑赢股市。然而，从业人员设下了比股市更具诱惑力的陷阱，从机构投资者身上收取了高昂的费用，获利颇丰。

第九章

私募股权的赋能者

　　驾车沿陡峭的盘山道向山下行驶时，你或许会注意到道路一侧设有护栏。护栏可以防止车辆误入危险地带，比如垂直落差极大的区域。护栏为车辆制造出安全区域，同时也标示出安全区域与危险地带的边界。美国的监管体系也设有"护栏"，定义金融活动参与者可以做出的行为，知会投资者各类资产的风险，保护金融市场参与者免遭花样繁多的不端行为伤害。

　　华尔街大鳄推崇自由市场，支持自由资本主义。然而，几乎自大规模工业化伊始政府便开始对商业方面的越轨行为加以限制。禁止使用童工的法律法规、食品安全监管以及对垄断的限制不过是意在限制滥用、防止资本主义制度自我覆灭的众多立法措施中的一小部分。在美国，私营经济与民主秩序纵有分歧也还在谋求持续的伙伴关系。在此情况下，政府制定基本法则，大致规定何为商业活动中可接受的行为，企业主则在法则规定的界限内经营，最大限度地谋取盈利。华尔街人士虽然拥护自由资本主义，但在确有需要时也会为了自身利益呼吁政府进行干涉。联邦政府在 2009 年和 2020 年给予金融系统的紧急财政援助便充分反映了这种一分为二的辩证思想。私募股权投资基金行业乃是金融市场的一部分，该行业的"护栏"就算尚未折断也已弯曲。立法机构以及执法机构对于潜在的有害行为就算尚未到漠不关心的程度，也绝对算得上是疏忽大意。本章便要聚焦有关当局（图

9-1）的不作为行为。

图 9-1　私募股权投资基金行业的主要立法机构、监管机构及执法机构

州立法机构

州立及市级养老金计划不会受到明显的立法干涉。养老金计划启动之初，计划的设计者希望将退休人员的资产安全放在第一位。设计者不希望议员将养老金计划的投资用到自己偏爱的选民身上或将养老金计划的管理工作作为一种奖励交由其竞选活动捐款人，从而威胁到养老金计划的资产质量。负责养老金计划治理的理事会不应或只能在有限的程度上代表立法机构的意志。养老金计划的资产管理费是"预算外"的，这意味着立法机构每年批复养老金计划的费用支出时无法对资产管理费指手画脚。"太多州议员都以为养老金计划不过是经营性预算（operating budget）中的一个单一报表项目（single line item）。"波士顿学院退休研究中心（Boston College Center for Retirement Research）的让·皮埃尔·奥布里（Jean Pierre Aubrey）如是说 [1]。话虽如此，立法机构对养老金计划的投资政策并非毫无干涉能力。

立法机构可以指导养老金计划的资产管理费上限。如果他们愿意，也可以对养老金计划的工作人员进行监管，特别是在养老金计划的投资收益低于诸如60/40指数那样的客观业绩比较基准的时候。立法机构可以要求养老金计划的受托人、投资管理人员以及咨询顾问进行公开作证，对养老金计划欠佳的投资业绩负责。他们可以要求养老金计划收集关于业绩报酬的数据，在官方报告中披露以客观标准衡量的养老金计划年化收益率。这样，立法机构和选民就可以对养老金计划与同类机构投资者的投资业绩进行公平公正的比较，而不是参照养老金计划内部编制的某种衡量标准来进行比较。可悲的是，绝大多数立法机构都没能实施这样最低限度的监管。他们要么欠缺金融知识与经验技能，要么忽视了高收费与低回报对财政造成的负面影响，要么习惯性地认为数十亿美元规模的养老金计划很难改变，因此对于推动变革存有惰性。所有这些因素综合在一起导致立法机构对养老金计划存在的问题不闻不问。除此之外，肯塔基州退休系统（State of Kentucky Retirement Systems）的前受托人克里斯·托比（Chris Tobe）还补充了一点，他指出："规模最大的私募股权公司之一在州内常年雇有35名政治说客。[2]"

举个例子。马里兰州一位业已退休的资深议员在几年前的一次私下讨论中承认自己知晓该州养老金计划投资业绩糟糕。然而，要说服其他议员并促使他们实施强制监管措施以改善养老金计划的投资表现"任务太过繁重"。他这样说："要让其他议员意识到事情的严重性需要一个漫长而艰巨的过程，令人难以忍受。"

那次谈话之后，马里兰州养老金计划的资产管理费已逾 10 亿美元，投资收益却仍排在同类机构投资者中的后 25% 分位。

公共部门的工会领袖

州立及市级养老金计划不似大学捐赠基金与非营利性基金会，其受益人极易辨识——即将退休且退休后会领取退休金的政府雇员以及业已退休、正在领取退休金的政府雇员。这些人中的绝大多数都由工会代表。工会拥有资源，能够雇用专家判断养老金计划的管理人员对资产的管理是否明智。在许多公立养老金计划中，工会官员都依法担任理事会成员，掌握着有关养老金计划投资管理人员采用的费用高昂的耶鲁模式这一投资策略的第一手消息。

鉴于绝大多数州立及市级养老金计划都没能跑赢被动型指数这一业绩比较基准，工会官员应该：①提出抗议；②想办法让养老金计划更好地保有并提升退休人员的福利待遇。奇怪的是，即便私募股权投资基金管理机构榨取了数十亿美元的费用，养老金计划自身也并未对费用情况多作披露，工会官员依然保持着沉默。事实上，研究显示州立及市级养老金计划在过去 20 年间的平均业绩没能跑赢收费低廉的 60/40 指数。美国教师联盟（American Federation of Teachers）发布了一项与上述研究结果一致的重要调研报告，提醒其成员工会耶鲁模式的多变性[3]，然而各州官员对此鲜有认同。一个罕见的反例是，一批新泽西州雇员工会公开反对其所属养老金计划大量投资费用高昂的另类资产。该事件凸显出的异乎寻常之处在于，养老金计划中负责投资的工作人员与养老金计划理事会中的政治任命成员联手对抗受益人，捍卫自己购买私募股权投资基金的权利。

几名纸媒记者报道了养老金计划投资收益不敌被动型指数一事，还有几名纸媒记者与我一同对工会在此事上的被动态度进行了分析。他们都认为工会官员之所以对养老金计划面临的问题不闻不问是因为接受了华尔街的款待，被拉拢了。对此我有不同看法。我认为知情的工会官员真的相信，自己有能力施加重大政治影响的州或市级立法机构，会通过提升政府注资水平来弥补养老金计划未来将要面临的资金短缺。因此，他们一致认为，工会成员无须为养老金计划低于业绩比较基准的投资业绩担心。

会计机构

机构投资者适用的会计准则均出自美国财务会计准则委员会和政府会计准则委员会这两个民间非营利组织之手。制定这些会计准则的首要目的是公平公正地向投资者、出资人以及其他利益相关方展示机构投资者的财务状况，次要目的则是确保各个机构投资者的财务报告公开透明、连贯一致。美国财务会计准则委员会和政府会计准则委员会制定会计准则时，美国证券交易委员会及市政债券规章制定委员会（Municipal Securities Rulemaking Board）也会提供意见和建议。

上述会计机构顺应了私募股权行业的保密倾向，允许机构投资者不将业绩报酬作为费用项目列示在财务报告中。正因如此，包括受益人在内的机构投资者的利益相关方对机构投资支出相关费用的真实金额一无所知。

此外，出于自身利益考虑，私募股权行业希望对投资组合公司的公允价值计量过程进行管理，而会计机构则在此事上表现得过于热心主动。私募股权投资基金管理机构编制各个投资组合公司的估值报告，对流向第三方管理机构（如有）和基金的独立审计师的信息及数据严加管控。投资组合公司的估值涉及金额巨大，估值过程理应更加严密以确保客观全面。独立的第三方评估师应发挥更大的作用，有权接触投资组合公司的管理人员及相关数据。审计师应要求评估师每年轮换，以防其与基金管理机构关系过密。当下的情况好比允许基金给自己写的作业打分，这样的安排对一个规模已达上万亿美元的行业来说是不恰当的。

类似地，会计机构允许私募股权行业强调其内部收益率，却未曾就内部收益率这一指标的缺陷及其易遭人为操纵的特性对投资者进行适当提醒。美国财务会计准则委员会为资产净值计算的实用权宜之计（Net Asset Value Practical Expedient）背书，令机构投资者对私募股权投资的核算变得更加简单，但同时也从根本上动摇了早已成定规的封闭式基金会计核算方法。这一举措进一步助长了"私募股权投资基金持有者可以轻易地以财务报告列示的资产净值将其基金份额卖出"这一错误观念。事实并非如此（图9-2）。

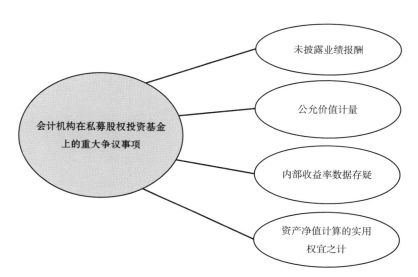

图 9-2 会计机构：关于私募股权投资基金的重大争议事项

私募股权数据服务机构

Pitchbook、睿勤、Burgiss、汤森路透以及康桥汇世这五家主流私募股权数据服务机构提供大量的信息。问题的关键在于它们编纂的收益数据以及四分位排名。私募股权投资基金提供的公允价值计量假设理应通过必要的独立确证，然而这五家数据服务机构却对其全盘接受。这些假设对基金的逐年业绩数据影响巨大，需要独立验证。数据服务机构没有提醒投资者：①并购收益中有一大部分都源自尚未售出的投资组合公司；②常被用于业绩比较的内部收益率的计算过程并不可靠。数据服务机构应当说明过去15 年间私募股权投资基金的投资资产中有 56% 都未售出，还应当强调它们提供的数据服务只涵盖了 60% 的私募股权投资基金这一事实。这引发了一个悬而未决的问题——如果加上数据服务没能涵盖的那 40% 的私募股权投资基金的相关数据，会对整个私募行业的业绩数据产生什么样的影响？

联邦政府

联邦政府已经以太多种方式对私募股权行业偏宠太久，以至于很难选择我们的探讨该从何说起。最佳切入点应该是业绩报酬的漏洞。

业绩报酬的税务漏洞

业绩报酬是私募股权投资基金管理机构的业绩提成。联邦政府将这类费用归为资本收益，但本质上它们是类似工资薪金的现金酬劳。资本收益与工资薪金的联邦税率不同——资本收益为 20%，工资薪金则为 37%——二者间存在 17% 的差距。这 17% 的差距相当于对私募股权投资基金管理人员这一小撮富裕人士的一种税收补贴。这一漏洞每年可以让私募股权投资基金管理人员少缴数十亿美元的税。维系这一漏洞乃是美国投资委员会这一私募股权行业的游说机构在立法方面的首要任务。每隔几年，民主党或共和党政府都会提议填补这一漏洞。然而时至今日，该漏洞依旧触不可及，俨然是对私募股权的政治权力的一项长久存续的证明。

说句题外话，华尔街想让人们相信资本收益——出售资产或投资取得的收益——与工资薪金在税收上的差异已经庄严地载入了宪法，变得神圣而不可侵犯。但实际上这一差异自美国首次设立所得税起便时有时无，来回反复。从这一差异中获利最多的个人便是拥有数额可观的资产可供买卖的人士，而他们只占总人口的一小部分。

利息的税务抵扣

数十年来，并购公司都会从应税收入中 100% 扣除其金额巨大的债务产生的利息费用。这一举措实质上相当于联邦政府向并购公司提供了较之低杠杆企业更多的税收补贴。然而，这些位于杠杆收购层层叠叠的资本蛋糕最底层、看似是债务的工具实际上并非真正的债务。它们与其他债权人有着很深的从属关系，较之真正的债务利率高得离谱，而且往往会参与复杂的利润分配。美国联邦税务局应当对这类借款进行恰当分类，将其认定为优先股。这样它们的利息支出（coupon payments）在税务上就是不可抵扣的了。

2017 年，美国国会对以公司收益的百分比表示的利息支出的税务抵扣加以限制[4]。这些新颁布的法律法规有望让典型的并购公司从利息抵扣中的获利减少 20%~30%，不过具体情况究竟如何还是取决于私募股权行业在规避限制上的创造力。

公司面纱

一只私募股权投资基金旗下会有数家正在营业的投资组合公司。它们都处在同一控制之下，所有权也都掌握在同一方手中。一项法律论证认为私募股权投资基金其实是滥用了公司面纱制度的控股公司。若像一些人士建议的那样对公司面纱制度进行立法修订，则破产的投资组合公司的债权人及员工便可以转而谋求其他投资组合公司乃至基金管理机构的资产，以此寻求赔偿。这一行为刺破公司面纱，令基金旗下的投资组合公司合为一体。如此这般的立法将促使私募股权投资基金转而使用更加保守的债务手段，以此规避可能导致债权人刺破公司面纱、向其他投资组合公司乃至基金管理机构求偿的违约情况。

非营利性基金会与捐赠基金

许多大型基金会和大学捐赠基金都拥有规模庞大的另类资产投资组合。这些免税机构每年给付私募股权及对冲基金的费用可能占到其资产的 2%~3%，这一可能的情形引发了质疑——这些机构究竟在多大程度上完成了自己的慈善使命？2017 年 12 月修订的税法向 30 家最富有的大学强制征收了微量的所得税，却忽略了围绕投资组合管理费的基本问题。基金会和大学都是私募股权投资基金的重要客户，其税收身份的改变将对私募股权行业造成冲击。

监控及管理费用

杠杆收购基金向其投资组合公司收取监控及管理费用。美国联邦税务局允许投资组合公司在税务上对此类费用进行抵扣，因此支付监控及管理费用可以降低投资组合公司的企业所得税纳税额[5]。监控及管理费用金额可能很高。据《华尔街日报》报道，黑石、凯雷、阿波罗以及科尔伯格·克拉维斯·罗伯茨集团（KKR）这 4 家最大的并购公司披露其在 5 年的时间里共收取了21 亿美元的交易、监控及管理费用（收取的费用中有一部分返给了投资者，这 21 亿美元是扣除了返还部分之后的金额）。这是做了多少监控及管理工作，居然敢收 21 亿美元？以 140 亿美元收购 Univision 的私募股权投资基金在 8 年间向该公司收取了 1.93亿美元的管理费[6]。监控及管理费用在性质上有些类似税务上不可抵扣的现金股利，但其目前所属的费用类别在税务上却是可抵扣的。这无疑是对私募股权的又一种税收补贴。

美国证券交易委员会

美国证券交易委员会是主要负责监管美国证券市场的联邦政府机构，其监管对象也包括私募股权行业。正如其网站所述，美国证券交易委员会的职责包括：①保护投资者；②维护公平、公正、有序、高效的市场（图 9-3）。上述①与②结合起来便促进了美国证券交易委员会的目标——维护投资者对市场的信心[7]。这些职责和目标组合在一起，有利于资本形成（capital formation）以及对资产的高效利用，而这正是美国金融系统的两大关键要素。政府不希望投资者基于有瑕疵的或误导性的信息将资金投入企业，也不希望投资者被他人以操纵市场、隐藏费用或过高收费等手段所哄骗。

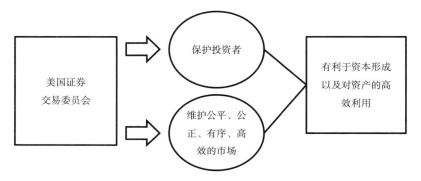

图 9-3　美国证券交易委员会的主要职责

　　美国证券交易委员会的权责十分广泛，却没有足够的资源去好好实现其目标。该机构只有 4 500 名员工，却要监管规模庞大的证券市场。证券市场的运行状况尚可，但同时也是伺机对散户和机构投资者下手的形形色色假内行、骗子以及滑头的天堂。拥有万亿美元规模的股权承诺与数千只主动型基金的并购行业，不过是美国证券交易委员会的监管目标中的一小部分。考虑到美国证券交易委员会还肩负着其他职责，其资源不足以实现严密的监管。毕竟，4 000 只主动型私募股权投资基金约等于 4 000 家活跃的公开上市公司，但美国证券交易委员会的预算不曾随私募股权行业的发展壮大而增加。

　　更糟的是，私募股权业务本质上有很强的私密性，其投资者几乎均为机构。这一情况导致机构投资者被认为是足够老练、足够在行的，无须美国证券交易委员会辅导，便能对私募股权投资基金的业绩与优势进行调查。基于这一点，美国证券交易委员会对私募股权行业的监管十分松懈，没有建立专门的多学科团队全职从事相关监管工作，针对私募股权的执法行动数量少且频次低。"美国证券交易委员会没有对私募股权行业进行过监管，也从未想过要对其进行监管。"一位曾在美国证券交易委员会担任律师的人士如是说。该人士目前仍在政府机构工作。

没有人公开呼吁对私募股权行业进行监管，大批投资者都尚未意识到私募股权在业绩计算与收费上究竟有多么含混不明。对私募股权抱有疑虑的人不愿站出来大声疾呼。他们要么害怕这样做会让自己在职业发展上遭排挤，要么担心这样做会令自己格外突出，显得好像自己做了一笔很糟糕的投资，需要细细审查一般。一位航空公司养老金计划管理人员表示："有什么好说的？我们持有的私募股权投资基金的业绩10年后才会真正揭晓，到那时我没准都不在现在这个位置上了。"

当然，随着基金管理机构与一连串存疑数据间不可调和的矛盾日益增多，我们会期待美国证券交易委员会的律师针对私募股权投资基金及其对外宣称的可疑论调开展一天现场工作，哪怕预算有限。要指出平滑年度收益率之存在需要付出巨大的努力。若能强制要求私募股权行业对其业绩计算方法以及投资组合公司估值规程进行最低限度的披露，则会对投资者大有裨益。美国证券交易委员会有权限制基金管理人员在市场营销材料中、电视上以及油管（YouTube）视频里就私募股权的优点做出似是而非、虚有其表的宣告。美国证券交易委员会限制公开上市公司的管理人员对公司前景进行大肆宣传，但在私募股权管理人员鼓吹自己的行业时却保持沉默。这一双重标准着实令人费解。

美国证券交易委员会有权要求私募股权以其所管理资产的百分比的形式规定年收费上限。若能对私募股权的年收费额设定合理的最高限额，将有助于公立养老金计划以及慈善机构避免仅仅因股市上涨带动并购价值上升，而每年支付私募股权 3%~4% 的费用。然而，美国证券交易委员会并没有这么做，尽管私募股权行业声名卓著、地位重要。

美国证券交易委员会对私募股权投资基金的关切态度及其在执法行动上的欠缺部分源于金融监管机构与华尔街利益间的"联盟文化"[8]。这一现象在 2008 年金融危机后首次引发关注，当时美国政府为挽救货币中心银行不惜花费数千亿美元。随后，美国司法部更是拒绝起诉任何犯下引发金融海啸之恶行的权贵之士。瑞士信贷（Credit Suisse）的中级证券交易员卡里姆·塞拉戈尔登（Kareem Seragelden）是唯一被判入狱的华尔街人士。就连纽约银行缴纳的数十亿美元的罚款最终都是由股东而非银行管理人员承担。时至今日，"联盟文化"依然存在。私募股权投资基金的员工、外聘律师以及美国证券交易委员会的工作人员都毕业于相同的院校，所处的社会阶层也相同。"他们觉得彼此都是一路人。"2020 年 5 月 12 日，一位前美国证券交易委员会律师如是说，执法者面对的可能是他们的前东家或潜在的未来雇主。他们或许下意识地认为不让对方太过难堪是留有余地的明智做法。律师事务所 Moses & Singer 的合伙人霍华德·费舍尔（Howard

Fischer）曾在两届政府中担任美国证券交易委员会的出庭律师，对于美国金融监管机构与华尔街利益间的"联盟文化"，他有着不同的看法。他在 2020 年 11 月评论美国证券交易委员会主席杰伊·克莱顿（Jay Clayton）的离任时谈道："我不认为他树敌太多。即便是针对大型机构的案子也都从轻处置了。[9]"美国证券交易委员会中确有一众改革斗士，这样的工作环境令他们感到挫败。

有关这一政府现象的一个活生生的例子便是发生在前文曾提及的私募股权巨头——Vista Equity Partners 首席执行官——罗伯特·史密斯身上的奇事。2020 年 10 月，罗伯特·史密斯承认自己瞒报了 2 亿美元的合伙人收入，其中一部分是通过利用多个离岸账户实现的[10]。尽管如此，罗伯特·史密斯并未被判重罪。他免受牢狱之灾，只缴纳了 1.39 亿美元的税金和罚款（这一金额不过占他净身家的区区 2%）。罗伯特·史密斯在这一案件上享受了极为宽大的待遇。与之相对，处境类似的小人物的待遇可谓差了十万八千里——例如电视真人秀《泽西海岸》（Jersey Shore）的主角之一迈克·索伦蒂诺（Mike Sorrentino），被指控有 900 万美元的收入没有纳税。迈克·索伦蒂诺承认自己偷税漏税，但应纳税所得额不足 900 万美元。最终，迈克·索伦蒂诺被判犯有重罪，在纽约州的奥蒂斯维尔（Otisville）联邦监狱服刑了 8 个月[11]。

美国证券交易委员会面临的一个次要困难在于其对自己起诉私募股权投资基金的胜诉概率的预估。私募股权投资基金十分富有且拥有海量法律资源可对抗执法行动。除非案件具备视频证据、内部邮件证据以及检举者的证词，胜诉轻而易举，否则美国证券交易委员会都会认定自己胜诉的概率很低，进而放弃指控。然而即便败诉也能对私募股权行业轻率、失检的言行起到威慑作用。最后，针对复杂的并购融资发起执法行动需要依靠由繁杂的数据和专家意见组成的证据基础，而这可能令美国证券交易委员会望而却步。"他们缺乏自信，觉得自己告不赢私募股权巨头。"一位前美国证券交易委员会律师如是说。

2020 年 7 月，时任美国证券交易委员会主席杰伊·克莱顿对美国劳工部新颁布的一项政策给予了坚定而热忱的支持。该政策允许 401（k）计划的赞助人将私募股权投资基金引入这一规模达 7 万亿美元的个人退休账户市场。美国劳工部称这一举措将丰富投资者的选择[12]。但正如前文所述，向孤儿寡母提供私募股权投资基金这样一种在很大程度上未受监管、流动性较差而私密性较强的投资选择是不够审慎的。

杰伊·克莱顿在对将私募股权投资基金纳入个人退休账户（IRAs）表示热烈支持的 4 个月后，宣布自己即将离开美国证券交易委员会。卸任 6 周后，他加入拥有多只基金的私募股权投资基金管理机构巨头之一阿波罗全球管理公司，担任首席独立董事。首席独立董事乃是兼职职务，其年薪高达 50 万美元[13]。一个月后，杰伊·克莱顿被任命为该公司董事会非执行主席。

我在对 2 位美国证券交易委员会工作人员进行访谈后，针对该机构对私募股权行业的监管情况，向其提交了一份书面问题清单。截至撰写本书时，美国证券交易委员会仍拒绝回应清单中的问题。

本章小结

立法、审计以及监管体系对私募股权投资基金的保护有利于该行业的发展。这一共同立场对私募股权投资基金管理机构极为有利。私募股权投资基金管理机构享受着特殊的税收待遇、宽松的会计准则，以及政府审慎周到的对待。

第十章

私募股权的同道人

大部分人都不知道未来能源控股有限公司的故事——那是史上最大的杠杆收购案，规模达 450 亿美元。这项交易代表了杠杆收购行业在 21 世纪初期的巅峰，大有成为一个光辉四射的榜样的架势，想要证明即便是规模最大、运营状况最好的公司也能在私募股权模式下进一步改善经营、提升盈利。可惜，事与愿违。这项交易着实是个败笔，未来能源控股有限公司于 2014 年破产。包括私募股权投资基金巨头科尔伯格·克拉维斯·罗伯茨集团和美国得克萨斯州太平洋投资集团（Texas Pacific Group，TPG）① 在内的股权投资者投入的 80 亿美元资金全部打了水漂，沃伦·巴菲特的伯克希尔·哈撒韦公司是该交易的出资人之一，其出借的 20 亿美元损失了 9 亿美元，致使巴菲特这样告诉他的股东："你们中的绝大多数人都没听说过未来能源控股有限公司。真是万幸。我真希望自己也没听说过。[1]"

鲜为人知的是，未来能源控股有限公司的失败并非个例。实际上，即便身为所有者的私募股权向目标公司提供了海量的商业分析、金融工程以及经营建议，十大杠杆收购案中还是有 3 项均以破产告终。参与者损失了数十亿美元。除此之外，十大杠杆收

---

① 美国的最大的私人股权投资公司之一。——译者注

购案中还有 3 项不赔不赚，尽管私募股权投资基金坚持持有目标公司超过 10 年，等待时来运转。这 6 项交易的投资者要是坚持耕耘股市会取得更好的收益。而相应地，十大杠杆收购案中的其余 4 项取得了成功（表 10-1）。40% 的平均打击率在棒球界可谓优秀，但在投资界则属平庸。你可能会觉得私募股权行业最重要、最值得关注的交易竟只有 40% 的成功率，实属该行业运作模式的一大污点。私募股权之后再为新成立的基金筹资时，这一污点将变成一大难以逾越的障碍。换作其他类型的资产，若投资管理机构寻求新增款项，潜在的资金提供方便会指出 10 项交易中只有 4 项取得了成功，以此拒绝追加款项。但在私募股权这里，情况便大为不同。机构投资者对损失不加理会，不顾先前的失败，欣然接受私募股权新增款项的要求。结果便是，那 6 项以破产告终的巨型交易被丢进历史的垃圾箱，私募股权行业绝对正确的声名得以延续。之后的基金筹资中，数千亿美元落入了杠杆收购的口袋。

表 10-1　十大杠杆收购案

公司	企业价值 / 亿美元	结果
未来能源控股有限公司	450	破产
美国 HCA 公司	330	收益良好
美国哈拉斯娱乐公司	300	破产
金德尔 – 摩根（Kinder Morgan）	290	收益良好
美国第一资讯集团（First Data）	290	不赔不赚

续表

公司	企业价值 / 亿美元	结果
美国清晰频道通信公司	270	破产
Alltel	270	收益良好
希尔顿酒店（Hilton Hotel）	260	收益良好
雷诺兹 – 纳贝斯克公司	240	不赔不赚
飞思卡尔半导体（Freescale Semiconductor）	180	不赔不赚

来源：睿勤，本书作者自行查询。

　　并购巨头将自己描绘成在收购上纪律严明的大块头硬汉，不眨眼便能裁掉数以千计的员工。他们虽然独踞私募股权金字塔的塔尖，却并非不喜交际。他们深知要让金钱的列车永不停歇，朋友是不可或缺的。向并购巨头伸出援手的是一群颇具影响力的同道人。他们是与私募股权行业惺惺相惜的个人，在商业媒体、学术中心、投资咨询、服务供应商或财富管理公司工作。他们给予私募股权的帮助并非正面支持，而是策略上的配合——贬低与私募股权存在竞争关系的其他投资策略，例如模拟指数，即便那些投资策略的业绩表现优于私募股权，收费也更加低廉。

媒体报道

　　媒体对私募股权行业的报道分为以下 3 类。

- 以私募股权投资基金管理机构为导向的报道。
- 缺乏营养的快餐式报道。
- 保护投资者的报道。

以私募股权投资基金管理机构为导向的报道

以私募股权投资基金管理机构为导向的报道聚焦新交易、已有投资、行业扩张、基金筹资、行业对外标榜的收益，以及私募股权管理人员的个性与事迹。读者可以从中了解行业活动与现状。此外，这些报道还会进行事件解读，描述发生在行业参与者身上的趣事。以私募股权投资基金管理机构为导向的报道将私募股权行业的运作方式及其对外宣称的成功视为既定事实，不会或鲜少对其进行批判性分析。私募股权行业的私密性、调研工作的开销，以及被消息源疏远的风险，使得记者几乎不可能对私募股权行业的弱点进行系统剖析。正因如此，以私募股权投资基金管理机构为导向的内容占据了媒体报道的大头。

缺乏营养的快餐式报道

既不进行独立调查也不自主安排叙述逻辑，对新闻稿进行毫无新意的复用乃是商业媒体十分依赖的一种手段。围绕私募股权行业的报道中，有相当一部分都是这样写就的。这类报道能够提供媒体消费者想要了解的基本信息。传媒公司要求员工在给定的工作时间内写出很多报道，因而对于金融市场的绝大多数动态，这些员工都难以进行严密的调研。即便要做深入报道，也一定会对选题精挑细选，有时还会淹没在繁杂的日常工作中，就这样不了了之。要写出经过扎实调研的报道，需要充分掌握私募股权相关知识的记者做出长达数月的努力，而这样的投入会耗尽传媒公司的资源。

保护投资者的报道

保护投资者的报道兼具以私募股权投资基金管理机构为导向的报道和缺乏营养的快餐式报道的特点，不过其内容在一定程度上对私募股权的手段、盈利及行业领袖持怀疑态度。有时，此类报道会是一场全盘揭露，曝光的内容通常围绕某起以破产告终的并购及其造成的影响，或某家私募股权投资基金管理机构先是让目标公司负债累累，然后再盘剥其资产的缺德手段。此类报道中，比较著名的是知名公司闹得人尽皆知的破产案，例如玩具反斗城。至于私募股权行业是否真的对投资者有利则较少被推敲，部分原因在于相关数据的保密性、评估标准的多样性，以及媒体对质疑当前共识的抵触。

商业媒体

商业媒体包括以下 4 类。

- 传统纸媒。

● 电视。

● 行业出版物。

● 博主。

传统纸媒

传统纸媒的代表是报纸和杂志。一些主流报纸对私募股权进行持续报道，如《华尔街日报》《纽约时报》《金融时报》。《财富》、《福布斯》以及《机构投资者》（*Institutional Investor*）等知名商业杂志也会定期对私募股权进行报道。私募股权行业的股权承诺达 10 000 亿美元，远非微不足道，但较之更加重大的金融及经济事项仍属小众话题。按理说，纸媒记者应做到平衡报道[1]，可围绕私募股权的报道却总是带有正面倾向。私募股权高管常常被描述为克服困难取得成功、击败公开指数的天才。因此这些出版物或许在不经意间促进了私募股权行业的扩张。

媒体在收集硬信息[2]方面面临的困难、私募股权行业的私密性及其对外宣称的貌似合理的投资结果使得最有经验的记者都被

---

[1] 平衡报道（balanced reporting）是指在新闻报道中真实、全面地陈列新闻事实，做出正确的价值判断，突出报道主要意见和观点，同时要保证多元不同意见和观点的完整呈现。——译者注

[2] 硬信息是指能用准确的硬指标来表示的信息，是正式、精准、符合逻辑、可追溯的。——译者注

私募股权投资基金的公关工作所蒙蔽。前记者兼商业评论员史蒂夫·帕尔斯坦（Steve Pearlstein）[1]2019年在《华盛顿邮报》上发表的对私募股权的赞歌便是一个绝佳例证：

> 私募股权能够发展壮大，原因在于过去30年间该行业的收益一直高于公开交易的股票市场——即便刨除给付私募股权投资基金管理机构的奇特费用，结果仍是如此[2]。

上述论断当然不正确，勤勉细致的调查工作便能暴露其弱点。商业媒体在面对棘手的报道时态度软化似乎已经成为一大趋势。前商业记者、《看门狗没有叫：金融危机与调查性报道的消失》（*The Watchdog That Didn't Bark: The Financial Crisis and the Disappearance of Investigative Journalism*）一书的作者迪恩·斯塔克曼（Dean Starkman）[3]对新闻优先级的演变进行了跟踪，发现原本处于优先地位的"问责型报道"（accountability reporting）已让位于"联系型报道"。"问责型报道"耗费巨大，有时还会让媒体在相应行业内的信息源感到不快。"联系型报道"耗费较小，也不会冒犯到信息源。显然，这一让位是导致美国次贷危机和2008年经济危机未被及时揭露的原因之一。在发出预警这件事上，华尔街及其监管机构是指望不上的。而媒体的预警来得太

---

[1] 史蒂夫·帕尔斯坦是《华盛顿邮报》的专栏作家，曾获普利策奖。——译者注

晚，彼时危机已然无法被遏制。

随着时间的推移以及未能售出的杠杆收购项目与日俱增，私募股权行业的短板将难以掩藏。传统纸媒将更加关注私募股权投资基金对机构投资者的投资组合能起到的作用，以及私募股权投资基金对于向其提供资金的知名机构的受益人的危害性。

电　视

与纸媒相比，电视提供的信息更少——半小时的电视节目只相当于一页纸媒所刊载的信息量——因此商业电视网会面向较纸媒更广的受众制作节目内容。"更广的受众"乃是私募股权市场的反面，因为私募股权市场参与者（一群有名有姓的富裕个人投资者和精明老到的机构工作人员）不多。私募股权投资基金的潜在投资组合公司数以百万计的员工并非有关私募股权的电视节目的受众，不过这一情况有望随着私募股权被纳入401（k）账户的可选投资项目而改变，催生出更多有关私募股权的电视节目。目前电视中为数不多的与私募股权有关的节目大都围绕大型交易的官宣、大型收购案的被收购公司破产，以及对私募股权投资基金管理人员的采访展开。其中，对私募股权投资基金管理人员的采访趋向于询问不痛不痒、容易回答的问题。电视节目主持人倾向于向身为亿万富翁的基金管理人员询问有关经济或金融市场整体情况的问题，而非就基金的业绩表现提出尖锐问题。以美国消费者新闻与商业频道的梅丽莎·李（Melissa Lee）为代表的一些主持人，在面对诸如 Triago 的安托万·德雷安（Antoine Drean）

那般讲话慷慨激昂的私募股权从业者时，会表现出合理的怀疑态度[4]。她在美国消费者新闻与商业频道的《午间充电（*Power Lunch*）》节目中对安托万·德雷安进行过采访。与安托万·德雷安接受采访时的表现形成鲜明对比的是约翰·博格尔（John Bogle）等人。约翰·博格尔是指数领域的先驱，他从不参与一时兴起却并无根据的狂热时尚，始终坚持自己的投资哲学。

商业电视主持人一般不会像周日早间的公共事务谈话类节目那样，对著名嘉宾进行类似交叉询问的盘诘式提问。政治家认为自己需要媒体曝光来推进议程，金融高管拒绝商业电视节目的邀请则不会产生什么负面影响。难以回答的问题会让他们不愿轻易接受采访，令商业电视网难以与其保持联系。一位从事私募股权相关报道的纸媒记者这样跟我总结现状："商业电视节目相当于向嘉宾提供了一个临时的表演舞台。"商业电视网需要有源源不断的嘉宾露脸来吸引观众，让心怀疑虑的记者盘问基金管理人员在经济层面于其无甚意义。

行业出版物

随着杠杆收购行业的发展，传媒公司和企业家创立了聚焦该行业的出版物，如《另类资产日报》（*Alt Assets Daily*）、《私募股权通信》（*Private Equity Newsletter*）、《并购内参》（*Buyouts Insider*）以及《国际私募股权》（*Private Equity International*）。这些行业出版物通常采用付费订阅网站的形式，就行业动态以及从业人员的动向提供大量信息。记者通常会仔细审视行业趋势及模式，却避免对基金业绩开展调研。"相关数据处理太复杂了，"一位行业记者如是说，"我们的编辑总怕搞错。"行业出版物上可以刊载付费广告，有些出版物还会通过赞助研讨会取得额外收益。在研讨会上，投资者可以向专家讨教，还可以与基金管理人员应酬交流。

五大私募股权数据服务机构——睿勤、Pitchbook、Burgiss、汤森路透以及康桥汇世——提供类似聚焦私募股权投资基金的行业出版物那样的线上简报，其专有数据库也以多种维度提供行业分析所需的基础信息——投资者类型、基金管理机构、行业细分、地理位置，以及新闻类别。数据库服务可使私募股权数据服务机构的部分新闻及实地调查向公众开放，但它们本质上仍属订阅模式。客户每年要花费数千美元才能获取这些信息与分析。

博 主

2014 年，美国联邦第九巡回上诉法院（Ninth Circuit Court of Appeals）在"黑曜石金融集团（Obsidian Financial Group）诉克丽丝特尔·考克斯（Crystal Cox）案"中裁定博主属于记者，有权享受宪法对记者的保护[5]。黑曜石金融集团是一家财务咨询公司，其控告博主克丽丝特尔·考克斯诽谤。专注私募股权的博主为数不多，其中绝大部分都侧重教育目的，向读者科普私募股权行业的运作模式而非提供观点。以华尔街为导向的博主要多得多，他们有时也会涉及并购相关的话题，不过侧重点同样放在教育科普与事件描述上，而非批判性思考。

投资咨询顾问

耶鲁模式的广为流行，以及机构投资者对现代投资理论的全盘接受，令机构内部专门从事投资的员工数量与日俱增。这类员工负责处理机构日益复杂的资产构成以及投资组合分析工作。上述变化推动了机构投资咨询业的扩张。在笔者撰写本书时，几乎所有的公立养老金计划都有一名外部咨询顾问，很多捐赠基金和基金会也都聘请了外部咨询顾问。许多机构投资者聘请的顾问数量不止一名。这些咨询顾问一致推荐将私募股权（以及其他另类资产）纳入机构的投资组合。他们是私募股权行业发展的重要一环。

咨询顾问向机构内部员工提供帮助，补充内部员工欠缺的资源与经验技能。根据机构投资者的需求，咨询顾问既可以从概要性事项入手（例如机构在未来现金流方面的需求），也可以着眼于具体事项（例如单个资产管理机构的选择）。我认为，机构内部员工，特别是大型机构的内部员工，完全有能力独立完成上述工作。然而正如牛津大学的霍华德·琼斯（Howard Jones）在谈及投资咨询顾问在机构间的盛行时所说的："他们这是在保护自己。只消说自己不过是听了专家的建议就可以免责。⁶"以下是投资咨询顾问可能向机构投资者提供的服务的简要概述。

概要性服务

- 分析机构投资者在未来现金流、流动性以及收益率方面的需求。

● 评估机构投资者的投资期限与风险承受能力。

● 搭建资产配置模型，指出投资组合中股票、债券及另类资产分别应占到的百分比。

具体事项服务

● 筛选适合机构投资者的资产配置模型的第三方资产管理机构，并就具体聘用事项提出建议。

● 依据事先定好的投资目标与业绩比较基准评估投资组合的整体表现。

● 对第三方管理机构的工作与收费情况进行监管，就机构投资者对每家资产管理机构做出的资本承诺提出意见与建议。

公立养老金计划是私募股权行业最大的客户群体，其资产配置工作完全围绕预测出 7% 的年投资组合收益展开。预测的收益越高，养老金计划看起来越好。较之收益更高（如 8%）的养老金计划，收益低于 7% 的养老金计划的无资金准备的赤字（unfunded pension deficit）会更高。若养老金计划的收益进一步降低（如降至 6%），其受益人便会开始担忧即将出现的资金短缺，敦促提高养老金计划的雇主缴费水平。若州或市一级雇主将更多的资金注入养老金计划，则会挤占政府预算。然而，如果养老金计划负责投资的工作人员预测其收益很高（如 10%），其精算师以及该州的债券评级机构便会对这一过于乐观的预测表示怀疑。那么，投资咨询顾问在其中会起到怎样的作用呢？他们设计出能够预测出 7% 的年收益的投资组合。投资咨询顾问会适当往投资组合中加入私募股权，而私募股权被认为能够大大提升投资组合的预测盈利。表 10-2 是顶尖咨询机构卡兰于 2021 年发布的一份关于资本市场假设的极具代表性的表格。请注意，表格显示私募股权投资基金的预测收益最高[7]。

表 10-2　2021 年 1 月发布的 10 年期资本市场假设

资产类型	预测年化收益率 /%
美国股票	6.60
全球股票（不含美国）	6.80
美国核心债券	1.75
高收益（垃圾）债券	4.35
地产	5.75
私募股权	8.00
对冲基金	4.00

来源：Callan Institute, January 2021, "2021 Capital Market Assumptions," Jay Kloepfer, Adam Lozinski, and Kevin Machiz。

　　与私募股权投资基金生态中的其他角色一样，投资咨询顾问对基金管理机构自己披露的业绩全盘接受。投资咨询顾问鲜少要求自己的估值专家对基金尚未售出的投资组合公司的公允价值进行核验，也不派自己的会计去检查基金的账目，除非基金的收益表现特别反常。一般情况下，机构投资者支付的咨询费用都太低了，不足以在常规的基金管理机构筛选工作中支撑起详尽的尽职调查。换句话说，咨询顾问面对的是一个有悖常理的困境——举例而言，机构投资者愿意跟私募股权投资基金达成 2 亿美元的资本承诺，并向基金管理机构支付 3 000 万美元的费用，却不愿花 50 万美元做个像样的尽职调查。而尽职调查的结果可能有利于机构投资者的这项投资决策，也有可能相反。在这种情况下，投资咨询顾问便倾向于降低风险，向机构投资者推荐经验丰富、知名度高且历史悠久的基金管理机构，希望私募股权投资基金管理机构能够爱惜自己的羽毛，实现不低于行业平均水准的业绩。"只要有机会，投资咨询顾问几乎每次都会推荐已经成功募集过数只基金、规模达数十亿美元的基金管理机构，而不是新成立或规模较小、更难在其圈子中产生影响的基金管理机构。"专为机构投资者和新兴基金管理机构服务的交流平台 Lenox Pack 的首席执行官杰森·拉明（Jason Lamin）如是说 [8]。

没有数据显示规模更大、成立时间更久的基金管理机构比规模较小、成立时间较短的基金管理机构更好，但这一事实无法改变投资咨询顾问的上述做法。同样地，投资咨询顾问铆足了劲一心研究基金的历史业绩，全然不顾"基金管理机构无法持续重现优良的业绩表现"这一事实。因此，投资咨询顾问关于杠杆收购基金管理机构的建议并没有什么说服力。过去数十年间，投资咨询顾问做出的伤害性最大的举动，便是在指数能够复制私募股权业绩的情况下，支持将私募股权纳入资产配置模型（图 10-1）。投资咨询顾问不断推荐同一家基金管理机构以及所有类型的另类资产，影响深远，推动了私募股权行业的发展壮大。

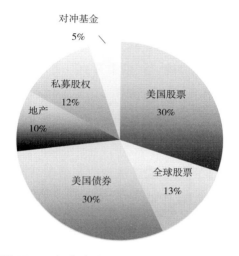

图 10-1　投资咨询顾问推荐的典型资产组合

投资咨询顾问似乎从不厌倦鼓吹诸如德太投资（TPG Capital）之类的老牌基金管理机构以及偶尔涌现的、有望成为下一个凯雷投资集团的新基金管理机构。投资咨询顾问假装私募股权投资基金的筛选过程是科学的，而不是恰似在基金管理机构较投资者占有明显优势的、人为操纵的掷骰子赌博中扔骰子。投资咨询顾问的所作所为于私募股权行业有利，却对机构投资者与受益人造成了无数伤害。

聘请投资咨询顾问的机构投资者和监管机构都未曾尝试将投资咨询顾问从其所处的困境中解救出来。若投资咨询顾问选择高尚正直的道路，承认事实——耶鲁模式和诸如私募股权之类的费用高昂的另类资产不如 60/40 股票 - 债券指数，不适合绝大多数客户——那么投资咨询顾问自己就该没生意做了。一旦有了这般坦率的建议护体，机构投资者便不会再支付数百万美元来检视为数众多的第三方资产管理机构以及资产配置方案。机构投资者会重拾先前那般单纯的做法，投资中有 90% 都是公开交易的证券。

服务供应商

私募股权行业的许多服务供应商都会在其网站上公布信息、新闻以及调研结果。私募股权行业的服务供应商包括管理咨询公司、律师事务所以及会计师事务所。这些服务供应商在网站上公布的内容本质上都是教育性而非批判性的——并购交易如何达成、新的立法规则都有哪些、当前交易都有哪些——而且这些内容也意在展示服务供应商在相关领域的知识、经验与技能。一些服务供应商会提供自己制作的冗长的调研报告的链接，报告内容涵盖相关趋势、数据、交易情况总结以及基金的业绩表现。

学术中心

随着私募股权行业的扩张，学界对其予以关注。金融学教授开设了关于私募股权的大学课程，为学生、校友及嘉宾组织私募股权相关的研讨会，还发表了有关私募股权行业的论文。

关于私募股权的大学课程是说明性的，会简要介绍私募股权行业的职能、交易如何达成，以及一些交易是如何发生的。绝大多数商学院都将私募股权视为资本市场的一个小众的细分领域，相关课程并不多。因此，许多执行交易的新手其实没接受过正式指导就放手去干了。尽管学生对私募股权接触不多，但该行业无疑笼罩在一层神秘光环之下。约翰斯·霍普金斯大学凯瑞商学院（Johns Hopkins Carey Business School）并未开设私募股权相关课程，但在我的并购课上，约有一半学生都想在毕业后从事私募股权工作。他们认为私募股权行业十分有趣，并且能够带领他们直通美好而富裕的生活。

商学院组织的研讨会则另辟蹊径。这类会议可能持续数日。在会议主持人的协助下，由私募股权从业人员组成的专题讨论小组会对私募股权行业的方方面面进行评述。正式讨论结束后，与会人员会向专题讨论小组成员提问。小组成员的陈述偶尔会变成自吹自擂，因为从业者会告诉在场的所有人他们各自的盈利都有多高、多棒。此类研讨会虽然具有准学术性质，却不会围绕特定主题展开。与会人员不会听到诸如"私募股权投资基金是否跑赢了公开股指"这样的讨论。沃顿年度私募股权会议（Wharton Annual Private Equity Conference）的一则短评便是一例：

随着私募股权管理机构在跑赢股市、打造领先企业以及吸引投资方面取得惊人的成功，其门槛已提升至前所未有的高度。公司必须继续创新才能保持领先[9]。

21 世纪初期，顶级商学院的研究人员发表的关于业绩表现的研究结果显示，私募股权投资基金完胜股市[10]。受调研时机所限，这些对未来影响深远的开创性研究聚焦的都是私募股权行业的黄金时期，研究人员采用的也都是现在看来可信度稍显不足的内部收益率指标。但这并不重要。借用法律术语来说，私募股权收益更高这一观点迅速成了"既定先例"（settled law）。十余年后，学界才开始循着一些持异议者的脚步认真审视私募与公募的收益高下。与此同时，私募股权行业的同道人援引学术研究结果，将其视为一种对私募股权行业赢利能力的独立且公正的认可。

财富管理公司

私募股权投资基金主要面向大型机构，但高净值个人以及小型投资者——散户——可以间接涉足私募股权投资基金。散户没有自己的全职投资管理人员。作为替代，他们会聘请财务顾问来指导自己穿越各个投资组合备选项目的迷障。正如 Capital Wealth Management 的马丁·克里科里安（Martin Krikorian）所著："现在，财务顾问无处不在。银行、证券经纪商、保险代理机构（insurance agencies）、信贷联盟（credit unions）以及会计师事务所似乎都能提供财富管理方面的建议。[11]"财务顾问最常推荐的便是由公开交易的股票、债券、共同基金以及被动型指数基金构成的投资组合。

针对达到了监管要求、有资格购买另类资产的那些更加富裕的客户，许多财务顾问都会建议其适度涉足私募股权。我的一位朋友在一家大型证券经纪商担任财务顾问——前五大证券经纪商为摩根士丹利、美国银行（Bank of America）、美林证券（Merrill Lynch）、富国银行（Wells Fargo）以及瑞银集团（UBS）——那位朋友在 2020 年年中旁听了一场私募股权的营销宣传活动（不是强制推销）。以下是该活动表达的主旨：

> 较之股票市场，私募股权投资基金收益更高、分散化程度更高，与公开市场的关联程度较低。私募股权投资基金 5 年内不会向客户分配现金。除给付母基金管理机构以及私募股权投资管理机构的费用外，私募股权投资基金还会向财务顾问提供 5 年的尾随佣金。

正如上述营销宣传活动所述，私募股权非常契合"客户应着力在投资组合中实现投资分散化以及较低的市场关联度"这一现代箴言。大型证券经纪商所做的解释说明中，关于私募股权之优势的论断有待商榷。然而，私募股权终究与那些更加传统的产品一道纳入了大型证券经纪商的产品平台。这一行为本身就是对私募股权这一资产类型的一种战略性的认同与宣传。

私募股权收费高昂的名声在财务顾问圈子中广为流传。"无论是专注何种策略的财务顾问，费用永远都是排在第一位的，也是最重要的。不过这一点在专注另类投资的财务顾问身上尤为突出。"Mercury Capital Advisors 的 U.S. iFunds 负责人多纳尔·马斯特兰杰洛（Donal Mastrangelo）如是说，"问题的第二个层次在于究竟有多少费用得到了披露。这已经变成了一个财务顾问需要解开的谜。一些私募股权投资基金管理机构保持沉默，其他管理机构会透明些，但若要弄清在整个存续期内持有基金共花费了多少费用，恐怕需要开展一点司法会计[①]工作。[12]"

本章小结

若非众多同道人的隐性支持和纵容，私募股权投资基金行业不可能发展至如今这般庞大的规模。私募股权的同道人包括商业媒体雇用的个人、投资咨询顾问、服务供应商、学术中心以及财富管理公司。真正的探求者或许会因这一群体覆盖面之广、多样性之强而感到挫败。探求者或许能从希腊哲学家第欧根尼（Diogenes）[②] 所处的类似情境中求得安慰——他打着灯笼漫步在雅典街头，徒劳地想要寻得一个诚实的人。

---

① 指的是在涉及财务会计业务案件的调查、审理中，为了查明案情而对案件所涉及的财务会计资料及相关财物数量进行专门检查，或对案件所涉及的财务会计问题进行专门鉴定的法律诉讼活动。——译者注

② 犬儒学派的代表人物，认为除了自然的需要必须得到满足外，其他的任何东西，包括社会生活和文化生活，都是非自然的、无足轻重的，号召人们恢复简朴自然的理想生活状态。——译者注

第十一章

结语

　　美国的出版社拿到一份出版计划后，一个常见的做法是邀请外部作家、专家及学者对出版计划进行审阅，评价书稿的内容及适销性。美国一家有意出版本书的出版社审稿人是这样评价我的出版计划的：

　　　　胡克先生关于杠杆收购行业的观点不可能是对的。若事实真如他所述，那么这一资本市场细分领域的参与者一定是产生了集体幻觉（mass hallucination）！

　　我认为，这位审稿人的观点是完全错误的。无数受过良好教育、经验丰富的商业人士都已落入私募股权的掌心。这一现象绝非幻觉，而是不时侵占华尔街的非理性的一种表现。试想下列情境。

　　在宏观层面，美国在过去20年中展现出两种金融狂热。在2007—2008年金融危机预备阶段，抵押支持证券（mortgage-backed-securities）① 风靡一时。机构、银行、投资公司以及政府

---

① 简称"MBS"，也作"住房抵押贷款证券化""房地产抵押证券化"等，指金融机构（主要是商业银行）把自己所持有的流动性较差但具有未来现金流入的住房抵押贷款汇聚重组为抵押贷款群组，由证券化机构以现金方式购入，经过担保或信用增级后以证券的形式出售给投资者的融资过程。这一过程将原先不易被出售给投资者的缺乏流动性但能够产生可预见性现金流的资产转换为可以在市场上流动的证券。——译者注

机构的投资组合中全是这类证券，这类证券的价值在当时也已得到无数分析师、专家、评估师、律师、会计师、债券评级机构以及监管机构的肯定。然而，这类证券中有许多最终沦落到如墙纸一般不值钱的地步，继而引发金融海啸，造成了数万亿美元经济损失。类似地，再往前倒推 10 年，1997—1998 年投资者怀着毫无节制的热情将大量资金投入互联网股票，互联网泡沫（dot-com bubble）应运而生。过度投机比比皆是。高科技公司仅凭一份商业计划书便可以筹集数十亿美元资本、完成火爆的首次公开发行、达成数十亿美元规模的公司合并交易。2000 年 3 月，互联网泡沫破裂，以技术股为主的纳斯达克股指开始了令人无比痛苦的下跌。下跌行情反反复复持续了两年半，跌幅达 76% 之巨。华尔街被淹没在一文不值的互联网公司股票中。而仅仅几年前，这些股票还被数千名精明老道的参与者认定为冉冉升起的新星。

　　私募股权行业较之 20 年前已是今非昔比。其存续依赖于"高收益"的美名，但如今这一美名已是名不副实。这一结论与华尔街的公认观点相悖，但正如一位证券交易员在谈及金融市场的公认观点时所说的，"那是公认的观点，直到它不再是为止。"这正是发生在戛然而止的抵押支持证券以及互联网公司股票狂潮上的情况。目前，尽管大量统计研究显示私募股权投资基金的业绩表现并不如其宣传推广得那般好，该行业依然拥有良好的口碑。例如，过去 18 个月里，有 6 只规模逾 100 亿美元的私募股权投资基金成立，2020 年也是美国私募股权投资基金筹资情况最好的一年。2020 年 6 月，加州公共雇员退休基金——这一

4 000 亿美元的加州养老金计划乃是数以百计的机构投资者的领头羊——宣布将提升其投资组合中私募股权投资基金的占比以实现更高盈利 [1]。然而，该养老金计划在 35 年间投资私募股权的总收益倍数只有区区 1.5。较之股票，这一业绩表现可谓黯然失色。

　　为何私募股权行业的神秘光环多年来未曾遭到质疑，其生命周期竟比其他投资热潮长出 2~3 倍之久？部分原因在于该行业的私密性及其数据的复杂程度令最勇敢的"多疑的多马"（doubting Thomas）[①] 都无法证实自己的怀疑。抵押支持证券和对互联网公司的投资都是公开交易的。随着时间的流逝，对其持怀疑态度的人可以不断指出于其不利的信息来加强己方观点的可信度。相比之下，私募股权的收益率、收费以及分散化程度都掩藏在数据的迷雾之中。围绕私募股权行业过去 15 年间的业绩表现的调研仍需依赖该行业自己对外宣称的尚未售出的投资组合公司的价值来进行，尽管大量投资组合公司尚未售出——最新的统计结果是 56% 的投资组合公司尚未售出——这一现象本身即意味着大多数投资组合公司都缺乏愿意以合理价格购买的买家，否则基金早就把这些公司都卖掉然后继续前进了。

　　与此同时，私募股权行业自我存续的反馈环（feedback

---

　① "多疑的多马"是《圣经》中的人物，以多疑著称。——译者注

loop）^①令其可以在不适用金融法则与原理的"平行宇宙"中运转。举例而言，投资者购买私募股权投资基金管理机构出售的产品（即基金）是为了取得跑赢股票市场的收益。然而，过去15年间，私募股权投资基金的平均业绩不如标普500指数。基金管理机构声称其产品较股票市场风险更低，与股票市场的关联度也较低，然而这两项论断都被已经证实的杠杆对企业价值波动的影响所驳斥。已被广泛接受的负债与权益之间的关系乃是基于已有60年历史的经典金融理论得出的，并且已经得到诺贝尔奖得主威廉·夏普、哈里·马科维茨（Harry Markowitz）以及默顿·米勒（Merton Miller）等人的认同。相关权威机构批准通过特殊的会计准则，允许私募股权投资基金管理机构在最低限度的监管下自主确定其投资组合的公允价值，同时授权机构投资者忽略高昂的业绩报酬支出。令上述怪现象更上一层楼的是，即便私募股权投资基金没能跑赢股市也依然会获得业绩报酬。"不问，不说"已然成为机构投资者在面对这类高昂费用时，一直挂在嘴边的话语。监管标准的缺失使得基金在评估业绩和进行四分位排名时，

---

① 常用于解释股市波动特征，分为正反馈环和负反馈环。正反馈环表现为部分投资者受不同因素影响，导致投机性价格上升。最初的投资者取得成功后，引起公众注意力，价格便在大家的关注下进一步上升。因为投资需求上升，最初的价格上升又导致价格更高，此过程轮番促进了投资需求，如果反馈环没有被打破，便可能产生多轮投机泡沫。负反馈环则与之相反，悲观情绪持续蔓延，价格跌到与实际不符的低水平。——译者注

能够在多种衡量标准间自由选择。对易遭人为操纵的内部收益率而非更加中性的总收益倍数的依赖，导致投资者在需要了解准确的实际经济回报时得到的却是歪曲的数据。私募股权行业的主要客户——州立及市级养老金计划、大学捐赠基金、母基金以及非营利性基金会——的投资管理人员为保住自己的饭碗而让雇主投身私募股权，因为合乎逻辑的投资选择——低费率的公开股票指数基金——会让他们自己的工作变得不再被需要。美国联邦税务局、美国证券交易委员会、美国劳工部等监管机构明显失察。如此，私募股权行业的反馈环便形成了（图11–1）。

根据一位观察人士所述，私募股权行业的反馈环之所以能够长期存续乃是有赖于关键一点："除了（机构的）受益人，每个人都赚到了钱。"私募股权管理机构、投资咨询顾问以及机构的管理人员以牺牲各州各市的退休人员、高校学生、母基金客户以及基金会受赠人的利益为代价过上了优裕的生活，因而无人想当吹哨人。这样一来，问题就变成了对社会优先事项的选择——一边是购买奢侈品，比如派克大街的豪华公寓、汉普顿斯（Hamptons）^①的海滨别墅，以及蔚蓝海岸（Côted' Azur）^②的度假别墅；一边是资助公立养老金、高校奖学金，以及非营利慈善机构。哪一边更重要？教条主义学派的经济学家不认同这一过分简

---

①　美国度假胜地，纽约人夏天非常喜欢来此地避暑。——译者注

②　法国东南沿海一带，为法国知名海岸，自18世纪起便是皇亲贵族、富贾名流时髦的度假胜地。——译者注

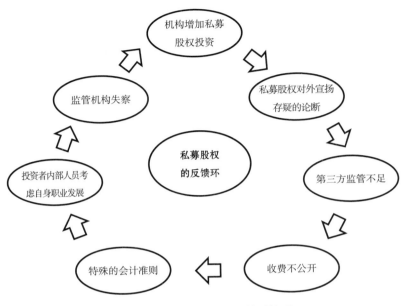

图 11-1　私募股权行业的反馈环

化的特征描述，回应道："谁说一种支出就优于另一种？是自由市场在发挥作用。"最终，美国的政治及经济参与者不得不通过诉讼决定究竟该沿哪条道路前进。或者，他们也可以耸耸肩，回避与金钱有关的决策，重述杠杆收购目标公司雷诺兹－纳贝斯克公司首席执行官罗斯·约翰逊（Ross Johnson）说过的话。罗斯·约翰逊在思考雷诺兹－纳贝斯克公司的各位股东在并购案中遭受的不公正待遇时想道："在时间的长河中，几十亿美元又算得了什么？[2]"

　　四十年前，私募股权行业正式出现时，许多商业评论员将其视为一股积极的力量，为萧条而又死板的美国工业基础带来

纪律、专业素质以及现代性。到了 20 世纪 90 年代，两位杰出
的教授——哈佛大学的乔治·贝克（George Baker）与纽约大学
（NYU）的乔治·大卫·史密斯（George David Smith）依然认为：
"管理层收购（management buyout）不仅刺激美国商业重新散发出
生机勃勃的潜力，其本身也是美国商业蓬勃前景的一个例证。³"
私募股权行业掠夺式的金融及治理手段未曾真正与这一美誉相
称，但至少在那个遥远的年代，私募股权投资基金的平均业绩接
连跑赢股市，尽管随之而来的便是投资组合公司的破产与基金高
昂的收费。如今，情况已有所不同。虽然许多商业媒体将私募股
权巨头奉为点石成金的半神，实际情况已不似先前那般光明。私
募股权投资基金近一段时期的表现平平无奇，跑赢股市已由意料
之中变为偶发事件。基金管理机构难以复制自己先前的成功，大
小基金皆是如此。若私募股权投资基金披露的公允价值可信，那
么其总收益倍数不过只有平平无奇的 1.5，以总收益倍数衡量的
年收益率中位数则落在 8% 到 9% 的区间内。这样的历史业绩难
以称神，不过是普普通通罢了。

　　话虽如此，私募股权投资机构经营该行业的做法中有不少都
令人大为惊叹。它们没有承担什么义务便将一个简单的概念——
借款以增加权益报酬（equity returns）——塑造成了庞大的商业
帝国。它们用保密性和大量错误信息掩饰平平无奇的投资收益，
在进一步壮大行业时确保得到了外部第三方的默许。最重要的
是，它们让机构投资者相信私募股权乃是现代投资组合理论不可
或缺的一部分，所有机构在配置投资资产时都一定要纳入私募股

权，从而确保自己在接下来的几年中都有收入进账。所有这些都是私募股权早该被承认却尚未得到真正认可的非凡成就。

一些知识分子抱怨说较之 20 世纪，21 世纪诞生的伟大画家实在太少了。20 世纪涌现了毕加索（Picasso）、波洛克（Pollock）[1]以及蒙德里安（Mondrian）[2] 等绘画大师。然而，这一抱怨的视角太过狭隘，只拘泥于挥毫泼墨、富有想象力的艺术大师。注意基度山伯爵这一富可敌国的文学人物在跟他富足的巴黎银行家邓格拉斯男爵谈话时是怎么说的——"我亲爱的男爵，能操持好金钱的人同样是艺术家 [4]"。从这个角度来看，过去 20 年孕育了一类别样的艺术家——科尔伯格·克拉维斯·罗伯茨集团的亨利·克拉维斯（Henry Kravis）、阿波罗全球管理公司的莱昂·布莱克、凯雷投资集团的大卫·鲁宾斯坦等，不一而足。他们通过投资圈编织出锦绣般的辉煌成功的神秘技能值得赞美。他们是这一历史时期的文化偶像。

揭露某一行业的短板及其市场失灵的书通常会列出详细的改革建议清单作为结尾。对于当今的美国，这样的清单毫无意义。私募股权行业已然根植于美国的商业机构、政治机构以及慈善机构，拥有可以预先阻止有意义的变革的权势与影响力。当选官员

---

[1]　即杰克逊·波洛克（Jackson Pollock），美国画家，为纽约画派代表人物之一。——译者注

[2]　即皮特·蒙德里安（Piet Mondrian），荷兰画家。他是风格派的领袖人物。——译者注

对金钱的阿谀逢迎乃是多有记载的。有志改革之士在花大力气行动前应仔细琢磨罗马总督本丢·彼拉多（Pontius Pilate）对桀骜不驯的古朱迪亚（ancient Judea）王子宾虚（Ben Hur）所说的话："成年人清楚自己生活在什么样的世界。而现在，这个世界就是罗马。[5]"这一警句概括了如今的机构受益人要求其财务顾问抵制现状之徒劳。屈从于愤世嫉俗与绝望乃是这些受益人唯一的理性选择，他们中的许多人都认为私募股权行业在很多层面上都有失公允。

私募股权行业反对改革的论点很容易预测。以下是华尔街在面临严格的立法时会抛出的陈词滥调。

"这些变化会让金融市场倒退 100 年。"

"新的法律法规会扼杀金融创新的萌芽。"

"额外的法律法规会扰乱自由市场，压制商人。"

尽管如此，就连创造了"看不见的手"（the invisible hand）这一术语、被誉为资本主义之父的苏格兰经济学家亚当·斯密（Adam Smith）都不认为"自由市场"指的是完全不受政府干预、不受基本法则约束的市场，特别是当市场中的一方——在这里即是私募股权投资基金——从信息不对称或信息不平衡中获利的时候。

此外，上文中的"商人"一词指的是高级管理人员或企业主。即便如此泛指，这一定义较之广泛适用的法律法规来说，也还是太过狭隘，在商业利益方面的立场也太过自私。20 世纪初

的著名平民党 ① 党员威廉·詹宁斯·布赖恩（William Jennings Bryan）在一场具有里程碑式意义的演讲中，对华尔街利益集团在商业中的主导地位进行了批判。这一话题自美国的开国元勋 ② 所处的时代起便不断引发共鸣。面对美国民众，布赖恩没有表现得居高临下，而是试图向其传递这样一种信息——美国民众同样是经济的一部分。

> 挣工资的员工和其雇主一样都是商界人士。乡下小镇的律师和大都市的公司法律顾问一样都是商界人士。路口小店的老板和纽约商店的老板一样都是商界人士。日出而作，整日苦干的农民……和预估粮食价格的交易员一样都是商界人士。下到 1 000 英尺深的地下，带回珍贵金属的矿工和金融巨头一样都是商界人士 6。

显然，矿工和农民并非商界人士。抛开这一夸张说法不谈，

---

① 南北战争后，美国的资本主义工商业得到了飞速发展，在 19 世纪末超过英国，成为当时最大的工业国，但农民的利益却备受压榨。为了摆脱垄断资本家的控制，农民和其他阶级人士联合起来，于 1892 年成立了"平民党"。——译者注

② 即"Founding Fathers"，指直接或间接对美国宪法产生重大影响的个人，包括《独立宣言》和《邦联条例》的起草人和签署人、美利坚合众国制宪会议代表（包括起草人、签署人和未签署人）以及参与美国革命的领袖。——译者注

美国的普通民众都与投资市场的大小事宜休戚相关。他们的目标在不同程度上与华尔街相左，但他们也仰仗有效的金融建议来负担退休生活的开支、给孩子发放大学奖学金、支持慈善事业。他们将自己的金钱托付给公立养老基金、大学捐赠基金、非营利性基金会等资金池，而在私募股权赢利前景存疑的情况下，这些资金池无力继续投资这类资产。对机构来说，追求私募股权的神秘赢利诀窍会对其声称要帮受益人实现金融方面的希望与梦想造成损害。

机构投资者不断听说私募股权行业的一切都有多么美好，因此它们认为所有受益人都应对私募股权这类资产感到满意。然而，机构投资者应该意识到他们听到的内容中掺杂着自私自利、自我保护，以及花衣魔笛手式的盲从因袭。受益人会觉得机构投资者都是严肃认真的人，是毕业于沃顿商学院或哈佛大学的MBA；会觉得机构投资管理人员在科学行事，在投资过程中会留心保护受益人的利益。然而在私募股权领域，受益人得到的却是专家们耍的花招——决策过程缺乏独立思考，目标无力实现，以及些许表里不一。

注　释

第一章　浮生一日

1. Louis Peck, "State Treasurer Nancy Kopp Not Slowing Down," *Bethesda Magazine*, September/October 2015, 24.

2. 此处及本书中其他未标注出处的引语均来自作者进行的采访。

3. 马里兰州养老基金投资私募股权的具体情况见马里兰州退休和养老金系统（Maryland State Retirement and Pension System）中的私募股权投资清单（Private Equity Commitment List）, https://sra.maryland.gov/sites/main/files/file-attachments/investment_section_2020_cafr.pdf?1609772692.

4. 马里兰州退休和养老金系统的年度精算，以及投资信息在每年编制的年度综合财务报告（Comprehensive Annual Financial Report）中均有体现，https://sra.maryland.gov/sites/main/files/file-attachments/2020_msrps_cafr-web_final.pdf?1609769114.

5. "Georgetown Endowment had 0.8 percent Minus Return on Pooled Endowment," *Moody's Credit Opinion*, January 9, 2019.

6. Michael Cooper, "Musicians' Pension Plan Seeks Benefit Cuts in Face of Shortfall," *New York Times*, January 7, 2020, 19.

7. 睿勤另类资产数据库（Preqin Alternative Assets Database）中可查询"绿色股权投资者"私募股权投资基金（Green Equity Investors private equity funds）的相关信息。

8. 见 *Maryland Public Employees and Retirees Benefit Sustainability Commission*, 2010 interim report, dated January 2011, 以及 *Maryland Legislative Joint Committee on Pensions* 所报道的内容。两份文件均介绍了马里兰州养老基金发生的变化。

9. Noah Buhayar, "Buffett Says $100 Billion Wasted Trying to Beat the Market," Bloomberg News, February 25, 2017, https://www.bloomberg.com/news/articles/2017–02–25/buffett–says–100–billion–has–been–wasted–on–investment–fees.

10. Teddy Grant, "Maryland Backs Two Leonard Green Funds," Buyouts Insider, December 2, 2019, https://www.buyoutsinsider.com/maryland–backs–two–leonard–green–funds–2/.

第二章　私募股权行业

1. Jerry Knight, "KKR Using Only $15 Million of Its Own in Nabisco Buyout," *Washington Post*, December 2, 1988, https://www.washingtonpost.com/archive/politics/1988/12/02/kkr–using–only–15–million–of–its–own–in–nabisco–buyout/1e733dd9–9b4e–432e–85c6–5fc594668a0a/.

2. 经历过 2008 年金融危机，2009 年的私募股权投资基金以低收购价及数年后的超额收益著称。研究显示，一些私募股权投资基金跑赢公开市场的主要原因之一是其投资组合公司收购价较低，见：https://www.morganstanley.com/im/publication/insights/articles/articles_publictoprivateequity intheusalongtermlook_us.pdf?1596549853128; https://www.institutionalinvestor.com/article/b17xwqqjjf71c9/one–young–harvard–grad%E2%80%99s–quixotic–quest–to–disrupt–private–equity; 以及 https://verdadcap.com/archive/explaining–private–equity–returns–from–the–bottom–up.

3. Jeff Hooke and Ted Barnhill, "Replicating Buyout Funds Through

Indexing," *Journal of Indexes* (November/December 2013): 36–39.

Jeff Hooke and Ken Yook, "The Curious Year–to–Year Performance of Buyout Fund Returns: Another Mark–to–Market Problem?" *Journal of Private Equity*, Winter 2017.

4. J. F. L' Her, R Stoyanova, K. Shaw, W. Scott and C Lai, "A BottomUp Approach to the Risk–Adjusted Performance of the Buyout Fund Market," *Financial Analysts Journal* 72, no. 4, July/August 2016; 36–48; Daniel Fisher, "Young Hedge–Fund Manager Cracks The Private–Equity Code: Small Stocks And Leverage," https://www.forbes.com/sites/danielfisher/2016/08/29/young-hedge–fund–manager–cracks–the–private–equity–code–small–stocks–and-leverage/?sh=17ca03e267df.

5. 探讨通过购买公开交易的股票来模拟私募股权投资基金的学术研究包括：

Hooke and Barnhill, "Replicating Buyout Funds Through Indexing,"

Brian Chongo and Dan Rasmussen, "Leveraging Small Value Equities" (working paper, University of Chicago, Chicago, IL, August 1, 2015), https://papers.ssrn.com/sol3/papers.cfm?abstract_id=2639647.

Alexandra Coupe, "Assessing the Risk of Private Equity: What's the Proxy?" *Alternative Investment Analyst Review*, CAIA Member Contribution (Quarter 3, 2016), file:///C:/Users/owner/Downloads/AIAR_Q3_2016.pdf.

Erik Stafford, "Replicating Private Equity with Value Investing, Home–made Leverage, and Hold–to–Maturity Accounting" (working paper, Harvard Business School, Boston, MA, September 18, 2020), https://papers.ssrn.com/sol3/papers.cfm?abstract_id=2720479.

Jeff Hooke and Ken Yook, "The Curious Year–to–Year Performance of Buyout Fund Returns: Another Mark–to–Market Problem?" *Journal of Private*

Equity (Winter 2017), https://jpe.pm-research.com/content/21/1/9.abstract.

J. F. L' Her, R. Stoyanova, K. Shaw, W. Scott, and C. Lai, "A Bottom-Up Approach to the Risk-Adjusted Performance of the Buyout Fund Market," *Financial Analysts Journal* 72, no. 4 (July/August 2016), 36–48.

6. 尼尔·特里普利特的薪酬情况见: https://paddockpost.com/2018/05/19/executive-compensation-at-duke/.

7. 关于 Good Buy Gear 及其创业投资交易的描述参见 Christine Hall, "Good Buy Gear Rises $6M Series A for Second-Hand Baby, Children's Gear," Crunchbase News, October 6, 2020, https://news.crunchbase.com/news/good-buy-gear-raises-6m-series-a-for-second-hand-baby-childrens-gear/.

8. 关于新泽西州养老基金投资对冲基金的研究, 见 Jeff Hooke and Ken Yook, "Alternative Asset Fees, Returns and Volatility: A Case Study of the New Jersey Pension Fund," *Journal of Alternative Investments* 22, no. 3 (2020): 33–41. See also the New Jersey pension fund annual investment report for 2019, page 29, https://www.state.nj.us/treasury/doinvest/pdf/AnnualReport/AnnualReportforFiscalYear2019.pdf.

9. 针对现代投资组合理论的深入探讨, 见 Kenneth R. Solow, *Buy and Hold is Still Dead*, 2nd ed. (New York: Morgan James Publishing, 2016), 135–139.

10. Prudent man review in Josh Lerner, Ann Leamon, and Felda Hardymon, Venture Capital, Private Equity and the Financing of Entrepreneurship (Hoboken, NJ: John Wiley, 2012), 9.

11. 对养老基金投资放松监管的全面总结, 见 Pew Foundation, "The State Pension Funding Gap," 2016. https://www.pewtrusts.org/en/research-and-analysis/articles/2017/04/state-pension-funding-gap. See also "CEM Benchmarking, Asset Allocation and Fund Performance of Defined Benefit Pension Funds in the United States, 1998–2011," June 2014. https://www.cembenchmarking.com/ri/insight/4.

12. 针对"公司面纱"制度的探讨，见 Gordon H. Broogh, *Private Limited Companies: Formation and Management* (London: Sweet and Maxwell, 1990).

13. Susan Faludi, "The Reckoning: Safeway LBO Yields Vast Profits but Exacts a Heavy Human Toll," *Wall Street Journal*, May 16, 1990, A1. https://www. pulitzer.org/winners/susan–c–faludi.

14. 关于 20 世纪 90 年代新成立基金的数量的探讨，见 Guy Fraser–Sampson, *Private Equity as an Asset Class* (Hoboken, NJ: John Wiley, 2007), 102–103.

15. Bruce Wasserstein, *Big Deal: The Battle for Control of America's Leading Corporations* (New York: Warner Books, 1998), 88–93.

16. 主动型杠杆收购基金的数量，见 https://www.preqin.com.

17. Nicolas Shaxson, *The Finance Curse: How Global Finance Is Making Us all Poorer* (New York: Grove Press, 2019), 56.

18. Stephen Pagliuca, "Bain Capital CEO Stephen Pagliuca on the State of Private Equity, #CNBC, January 23, 2020, YouTube video, 6:54, https://www. youtube.com/watch?v=kWFJU8jeVHA.

19. Bethany McLean, "Finance Is Supposed to Serve the Economy—Not Harm It," *Washington Post*, December 27, 2019, B5.

20. Noam Chomsky, *Manufacturing Consent: The Political Economy of the Mass Media* (San Francisco: Pantheon Media, 1988).

21. Phil Erard, interview with the author, January 10, 2020.

22. 史蒂芬·科林斯基的人物介绍，见：https://www.forbes.com/profile/ steven–klinsky/?sh=56d1321513af.

23. Investopedia, s.v. "bond," last updated February 2, 2021, https://www. investopedia.com/terms/b/bond.asp.

第三章　私募股权行业如何运转？

1. Ady Adefris, chief operating officer, Ion Pacific Funds, interview with the author, January 23, 2020.

2. 关于 Pitchbook Benchmarks 显示只有 25% 的私募股权投资基金跑赢了公开市场的具体情况，见 Paul Sullivan, "3 Investments That May Have Hit Their Peak," *New York Times*, September 14, 2018, https://www.nytimes.com/2018/09/14/your−money/investment−private−equity−venture−capital.html.

3. 关于私募股权投资基金想方设法挤进前 25% 分位的一篇著名学术研究，见 Robert S. Harris, Tim Jenkinson, Steve N. Kaplan, and Rudiger Stucke, "Has Persistence Persisted in Private Equity?" (working paper no. 2304808, Darden School, Charlottesville, VA, 2014).

4. 关于私募股权投资基金想方设法挤进前 25% 分位的探讨，见 McKinsey Global Private Market Review, February 2017, Quartile performance discussed in Morgan Stanley Investment Management, "Public to Private Equity: A Long Term Look," August 4, 2020.

5. 另见 Ji−Woong Chung, "Performance Persistence in Private Equity Funds," (working paper, Korea University, 2012); Greg Brown, Raymond Chan, Wendy Hu, Kelly Meldrum and Tobias True, "The Persistence of PE Performance," *Journal of Performance Measurement* (Fall 2017).

6. Reiner Braun, Tim Jenkinson, and Ingo Stoff, "How Persistent Is Private Equity Performance?" Journal of *Financial Economics* 123, no. 2 (February 2017).

7. Eric Zoller, "Spin−Out Firms Are High on LP's Wish List," *Private Equity International*, February 17, 2016.

8. Duena Blomstrom, "'No One Gets Fired for Hiring IBM.' But They Should," *Forbes*, November 30, 2018, https://www.forbes.com/sites/

duenablomstrom1/2018/11/30/nobody-gets-fired-for-buying-ibm-but-they-should/?sh=7740433948fc.

9. Jeff Hooke and Ken Yook, "The Relative Performance of Large Buyout Fund Groups," *Journal of Private Equity* (Winter 2016).

10. Julia Creswell, "The Private Equity Firm (Providence) That Grew Too Fast," *New York Times*, April 4, 2015.

11. Darren Foreman and Luke Jacobs, Commonwealth of Pennsylvania Public School Employees' Retirement System, Public Investment Memorandum, Bain Capital Fund XII, LP, May 19, 2017.

12. Arleen Jacobius, "General Partners Putting Money Where Investment Are," *Pension and Investments*, March 20, 2017, 1.

13. Andrew Gunther, managing director, Darby Private Equity, interview with the author, April 28, 2020.

14. Mike Gaffney, Bancroft Group LLC, interview with author, April 28, 2020.

15. Felix Barber and Michael Goold, "The Strategic Secret of Private Equity," *Harvard Business Review*, September 2007, 57.

16. 史蒂夫·丹尼斯的原话见 Sapna Maheshwari and Vanessa Friedman, "Debt Burden Joins Virus as a Killer of Retailers," New York Times, May 15, 2020, B1, https://hbr.org/2007/09/the-strategic-secret-of-private-equity.

第四章　欠佳的投资表现

1. Mario Gianni, presentation at Hamilton Lane seminar, March 5, 2018. https://www.hamiltonlane.com/news/409681255/2017-Market-Overview-Performance and Mario Gianni, "NASDAQ Signature Series, September 2018," Hamilton Lane, September 11, 2018, YouTube video, 12:16, https://www.youtube.

com/watch?v=48CgxOP2qjk.

    2. H. MacArthur and Josh Lerner, "Public vs Private Equity: Is PE Losing its Advantage?" *Bain 2020 Private Equity Report*, February 24, 2020.

    3. Antti Ilmanen, Swati Chandra, and Nicholas McQuinn, "Demystifying Illiquid Assets: Expected Returns for Private Equity," *Journal of Alternative Investment* 22, no. 3 (winter 2020): 8–21.

    4. 关于 2005 年后的收益情况的讨论，见 Robert Harris, Tim Jenkinson, and Steven Kaplan, "Private Equity Performance, What Do We Know?" *Journal of Finance* 69, no. 5 (2014): 1851–1882.

    5. 以下注释列示了关于私募股权业绩表现的研究与文献，包括私募股权的收益低于股市，以及对杠杆等特殊因素进行调整后私募股权的收益低于股市的情况。

    Goldman Sachs & Co., "Historical Distributions of IRR in Private Equity," *Investment Management Research* (November 2001).

    Ludovic Phalippou, "Performance of Buyout Funds Revisited?" *Review of Finance* 18, no.1 (March 2013): 189–218.

    Steven Kaplan and Bert Sensoy, "Private Equity Performance: A Survey," *Annual Review of Financial Economics* (2015): 597–606.

    Robert Harris, Tim Jenkinson, and Steven Kaplan, "How Do Private Equity Investments Perform Compared to Public Equity?" *Journal of Investment Management* (June 2016).

    J. F. L' Her, R. Stoyanova, K. Shaw, W. Scott, and C. Lai, "A Bottom–Up Approach to the Risk–Adjusted Performance of the Buyout Fund Market," *Financial Analysts Journal* 72, no. 4 (July/August 2016): 36–48.

    Oregon State Treasury, "OPERF Private Equity Review & Annual Plan," February 1, 2018, February 1, 2020. 其他州在各自的私募股权投资组合上也得

出了类似的结论。

A. Ang, B. Chen, W. N. Goetzmann, and L. Phalippou, "Estimating Private Equity Returns from Limited Partner Cash Flows," *Journal of Finance* (May 10, 2018).

Hema Parmar and Sonali Basak, "Private Equity's Returns Questioned, This Time by Buffett," Bloomberg.com, May 6, 2019, https://www.bloomberg.com/news/articles/2019–05–05/private–equity–s–returns–questioned–again–this–time–by–buffett.

Jonathan Ford, "Private Equity Returns Are Not All They Seem," *Financial Times*, September 15, 2019, https://www.ft.com/content/2812c2c6–d634–11e9–a0bd–ab8ec6435630.

Jonathan Ford, "Pension Funds and Private Equity: A Puzzling Romance," *Financial Times*, February 2, 2020, https://www.ft.com/content/fc16cdec–45ba–11ea–aee2–9ddbdc86190d.

Dan Primack, "Private Equity Returns Fell Behind Stocks over the Past Decade," Axios.com, February 24, 2020, https://www.axios.com/private–equity–returns–stock–market–47519044–0087–4863–a9cd–0dd9dc8b57bd.html.

Ludovic Phalippou, "An Inconvenient Fact: Private Equity Returns and the Billionaire Factory," *Journal of Investing* (forthcoming 2021).

6. Gregory Brown and Steven Kaplan, "Have Private Equity Returns Really Declined?" *Kenan Institute of Private Enterprise Report*, April 2019.

7. Oregon State Treasury, "OPERF Private Equity Review & Annual Plan," February 1, 2018, February 1, 2020.

8. Goldman Sachs & Co., "Historical Distributions of IRR in Private Equity," *Investment Management Research* (November 2001).

9. Ford, "Private Equity Returns"; Ford, "Pension Funds and Private

Equity."

10. Primack, "Private Equity Returns Fell Behind Stocks."

11. David Hunn and Susan Carroll, "Broken Trust, School Fund Investment Returns Don't Measure Up," *Houston Chronicle*, March 3, 2019.

12. Dan Ilisevich, chief financial officer, Unison Global Inc., interview with author, February 4, 2020.

13. 关于私募股权利用贷款的简要探讨，见 Antonella Puca, "Private Equity Funds: Leverage and Performance Evaluation," Enterprising Investor, CFA Institute (blog), July 1, 2018. https://blogs.cfainstitute.org/investor/2018/07/16/private-equity-funds-leverage-and-performance-evaluation/.

14. Parmar and Basak, "Private Equity's Returns Questioned."

15. Robert Harris, Tim Jenkinson, and Rüdiger Stucke, "Are Too Many Private Equity Funds Top Quartile?" *Journal of Applied Corporate Finance* 24, no. 4 (December 2012). 另见：

"Top Quartile Status Doesn't Tell Us Much," PERACS.com, newsletter, January 9, 2017; related podcast: "How Can 75 percent of Private Equity Firms Rank in Top Quartile?" https://peracs.com/top-quartile-status-doesnt-tell-us-much/.

Conversation with Professor Oliver Gottschalg: https://peracs.com/podcast-how-can-75-of-private-equity-rank-in-top-quartile-conversation-with-dr-oliver-gottschalg/; https://www.privatefundscfo.com/study-77-of-gps-could-claim-top-quartile-status/.

列示排在前 25% 分位和后 25% 分位的基金之分散程度的表格，见 exhibit 1, J. P. Morgan Asset Management, "Addressing the Benchmarking Challenge, Private Equity," June 2018, 以及康桥汇世的报告, https://www.cambridgeassociates.com/answers/ca-answers-are-private-equity-returnsdoomed/; https://www.sec.gov/files/cambridge–associates–private–investments.pdf.

16. 阿波罗全球管理公司的内部收益率计算，见 https://www.apollo.com/~/media/Files/A/Apollo–V2/documents/events/2018/apollo–global–management–llc–may–investor–presentation–vfinal.pdf, 19. 莱昂·布莱克的原话，见 David Rubenstein in conversation with Leon Black at SuperReturn International 2019, https://www.youtube.com/watch?v=bTrJYJ69dPg.

17. 关于衡量标准的十分有用的背景信息，见 Alexandra Albers-Schoenberg, at INSEAD, "Measuring Private Equity Performance," 2019, https://www.insead.edu/sites/default/files/assets/dept/centres/gpei/docs/Measuring_PE_Fund–Performance–2019.pdf.

18. Author interview with Antonella Puca, May 27, 2020.

19. Callan Associates, *Private Equity Measurement*, https://www.callan.com/callan/blog–archive/pe–measurement/.

20. 关于金融工程手段的一些更早且叙述详尽的例子，见 Eileen Applebaum and Rosemary Batt, *Private Equity at Work* (New York: Russell Sage Foundation, 2014).

21. Brian Ayash and Mahdi Rastad, "Leveraged Buyouts and Financial Distress," (working Paper, July 20, 2019). 他们对由 484 家通过杠杆收购完成私有化的上市公司构成的样本进行了为期 10 年的跟踪，发现违约率达 20%。https://papers.ssrn.com/sol3/papers.cfm?abstract_id=3423290.

22. 针对评级为 B 和 CCC 的债券的违约率的深入探讨，见 Arturo Neto, "Sliding Down High Yield for Greater Returns," Seeking Alpha, October 2, 2019, https://seekingalpha.com/article/4294484–sliding–down–high–yield–for–greater–returns.

23. 关于私募股权改善投资组合公司运营状况的探讨，见 Felix Barber and Michael Gold, "The Strategic Secret of Private Equity," *Harvard Business*

Review, September 2007.

24. David Wasserman, partner Clayton Dubilier & Rice (speech at a Milken Institute Seminar, Creating Value Against Competition, July 6, 2018). https:// milkeninstitute.org/videos/private–equity–creating–value–against–increased– competition.

25. 关于一项研究显示收购价最低的交易创造了贝恩资本的大部分私募股权投资收益的讨论，见Paul Sullivan, "3 Investments That May Have Hit Their Peak," New York Times, September 14, 2018, https://www.nytimes.com/2018/09/14/ your–money/investment–private–equity–venture–capital.html; 另见Preqin.com, 或 McKinsey &Company *Global Private Market Review* 2020, 了解关于收购价较低的2008年及2009年完成的交易大都创造了私募股权行业最佳业绩的数据。https://www.mckinsey.com/~/media/mckinsey/industries/private%20equity%20 and%20principal%20investors/our%20insights/mckinseys%20private%20 markets%20annual%20review/mckinsey–global–private–markets–review– 2020–v4.ashx.

26. John Poerink, Linley Capital, "Private Equity: The Consolidation Play and Due Diligence," Wharton School, February 10, 2011, YouTube video, 1:17:35, https://www.youtube.com/watch?v=thyxopgzG4k&t=3114s.

27. Christopher Burke et al., "Masters of the Universe: Bid Rigging by Private Equity Firms in Multibillion Dollar LBOs", *University of Cincinnati Law Review* 87, no. 1 (October 2018): https://scholarship.law.uc.edu/cgi/viewcontent. cgi?article=1254&context=uclr.

28. IMAA Institute, "Number and Value of M&A Activity in North America," 2020, https://imaa–institute.org/mergers–and–acquisitions–statistics/. 关于不同年份的并购交易乘数定价模型的探讨，见 Preqin.com or McKinsey& Company *Global Private Market Review* 2020, https://www.mckinsey.com/~/media/

mckinsey/industries/private%20equity%20and%20principal%20investors/our%20 insights/mckinseys%20private%20markets%20annual%20review/mckinsey– global–private–markets–review–2020–v4.ashx.

第五章　私募股权与圣杯

1. 关于如何通过购买公开交易的股票模拟私募股权投资基金，以及为何股票模拟与私募股权投资基金的业绩表现紧密相关的一番意义重大且影响深远的探讨，见 Jeff Hooke and Ted Barnhill, "Replicating Buyout Funds Through Indexing," *Journal of Indexes* (November/December 2013), https://www. etf.com/publications/journalofindexes/joi–articles/20196–replicating–buyout– funds–through–indexing.html.

2. 关于私募股权投资基金如何实现披露的收益波动比股市更小的探讨，见 Jeff Hooke and Ken Yook, "The Curious Year–to–Year Performance of Buyout Fund Returns: Another Mark–to–Market Problem?," *Journal of Private Equity* (Winter 2017), https://jpe.pm–research.com/content/21/1/9.abstract.

3. Kyle Welch and Stephen Stubben, "Private Equity's Diversification Illusion: Economic Co–Movement and Fair Value Reporting" (working paper, November 1, 2018), https://papers.ssrn.com/sol3/papers.cfm?abstract_id=2379170.

4. 多位学者均发现不动产私募投资基金较之不动产投资信托基金存在平滑业绩的现象。详尽的文献综述，见 David Gelter, Bryan MacGregor, and Gregory Schwann, "Appraisal Smoothing and Price Discovery in Real Estate Markets," *Urban Studies* 40 (May 1, 2003): 1047–1064. 深入的定量分析，见 J. Diaz and M. Wolverton, "A Longitudinal Examination of the Appraisal Smoothing Hypothesis," *Real Estate Economics* 26, no. 2 (1998): 349–358.

5. NEPC investment consulting research, "A Primer on US Equity REITs and

Their Role in an Institutional Investment Portfolio," April 1, 2015, 9–10, https://cdn2.hubspot.net/hubfs/2529352/Blog/2015_04_nepc_a_primer_on_us_equity_reits_and_their_role_in_an_institutional_investment_portfolio.pdf.

6. Nizar Tarhuni, "Covid 19 Impact on Private Market," Pitchbook 2020 Private Equity Database, analyst note.

7. Ted Dinucci and Fran Kinniry, "Benefits of Private Equity in a Volatile Market," Vanguard Inc., May 7, 2020, https://institutional.vanguard.com/VGApp/iip/site/institutional/researchcommentary/article/InvComBenefitsPrivateEquityVolMkt.

8. Nicolas Rabener, "Private Equity: Fooling Some of the People All of the Time?" Enterprising Investor, January 20, 2020, https://blogs.cfainstitute.org/investor/2020/01/20/private-equity-fooling-some-of-the-people-all-of-the-time/.

9. 芒格（Munger）关于私募股权平滑收益的原话，见 "Buffett Slams Private Equity for Inflated Returns, Debt Reliance," *Economic Times*, last updated May 5, 2019, https://economictimes.indiatimes.com/buffett-slams-private-equity-for-inflated-returns-debt-reliance/articleshow/69180905.cms?from=mdr.

10. Greg Brown, W. Hu, and J. Zhang, " The Evolution of Private Equity Fund Value," Working Paper, June 11, 2020, sponsored by Private Equity Research Consortium and The Institute for Private Capital, https://www.burgiss.com/applied-research-blog/the-evolution-of-private-equity-fund-value, page 1.

11. 关于私人企业估值方法的准则要求之梳理总结，见 Financial Accounting Standards Board, "Fair Value Measurements," statement of Financial Accounting Standard 157 (accounting standard codification 820), 2006.

12. 大卫·拉森的原话，见 Chris Cumming, "Market Swings Likely to Hit Private Equity Valuations," *Wall Street Journal*, April 2, 2020, B3.

13. 马丁·思坎克的原话，见 Anna Hirtenstein, "State-Run Investors

Shun Stocks, but Embrace Risk," *Wall Street Journal*, July 25, 2020, B10.

14. Taylor Nadauld, Berk Sensoy, Keith Vorkink, and Michael Weisbach, "The Liquidity Cost of Private Equity Investments: Evidence from Secondary Market Transactions," *Journal of Financial Economics* 132 (November 2018): 158–81, https://papers.ssrn.com/sol3/papers.cfm?abstract_id=2802625.

15. 关于"资产净值计算的实用权宜之计"的梳理总结，见 Financial Accounting Standards Board, Accounting Standards Update 2015–07, Fair Value Measurement (topic 820), "Disclosures for Investments in Certain Entitles That Calculate Net Asset Value per Share," May 3, 2015.

16. 关于股权投资组合分散化的一项意义重大且影响深远的研究，见 Lawrence Fisher and James Lorie, "Some Studies of Variability of Returns on Investments in Common Stocks," *Journal of Business* 43, no. 2 (April 1970): https://www.jstor.org/stable/2352105?seq=1.

关于分散化投资的最新研究成果，见 Ronald Surz and Mitchell Price, "The Truth About Diversification by the Numbers," *Journal of Investing* (Winter 2000): http://ppca-inc.com/Articles/DiversByNumbers.pdf.

另见 Eric Critlendon and Cole Wilcox, "The Capitalism Distribution: Fat Tails in Motion," Blackstar Funds research paper, 2008, https://seekingalpha.com/article/108867-the-capitalism-distribution-fat-tails-in-motion.

17. 关于美国股票市值，见 Edward Yardeni, Joe Abbott, and Mali Quintana, "Stock Market Briefing: Market Capitalization," Yardeni Research, March 19, 2021, https://www.yardeni.com/pub/marketcap.pdf.

18. 见 https://milkeninstitute.org/sites/default/files/reports-pdf/WP-083018-Companies-Rush-to-Go-Private-FINAL2.pdf.

19. 以下两篇文章指出历史上机构投资者从未因向投资组合中加入私募股权而实现分散化投资：Kyle Welch and Stephen Stubben, "Private Equity's

Diversification Illusion: Evidence From Fair Value Accounting," SSRN, November 1, 2018, https://ssrn.com/abstract=2379170; Richard M. Ennis, "Institutional Investment Strategy and Manager Choice: A Critique," *Journal of Portfolio Management* 46, no. 5 (2020): 104–117.

第六章　高昂的收费

1. Fred Schwed, "Where are the Customers' Yachts? A Good Hard Look at Wall Street," (Hoboken, NJ: John Wiley, 1955 [2006 reprint]).

2. 两篇近期发表的论文阐述了州养老基金涉足另类投资后无法跑赢 60/40 指数的情况：Jeff Hooke and Ken Yook, "The Grand Experiment: The State and Municipal Diversification into Alternative Assets," *Journal of Investing* 27 (supplement; Fall 2018): 21–29, https://joi.pm–research.com/content/27/supplement/21.abstract; and Richard Ennis, "Institutional Investor Strategy and Manager Choice," *Journal of Portfolio Management* (February 28, 2020): https://jpm.pm–research.com/content/early/2020/02/28/jpm.2020.1.141.abstract.

以下论文显示大型基金会的投资业绩不如 60/40 指数：Jeff Hooke, Ken Yook, and Wenqi Chu, "Top Foundations' 10–Year Plunge into Alternatives Yields Mixed Results and High Fees," *Non-Profit Leadership and Management*, September 2018.

以下两篇论文显示大学捐赠基金的投资业绩不如 60/40 指数：

Dennis Hammond, "58 Years of Endowment Performance," *Journal of Investing* (June 2, 2020): https://joi.pm–research.com/content/early/2020/06/02/joi.2020.1.138.

Richard Ennis, "Endowment Performance," 2021, https://richardmennis.com/blog/endowment.

3. 关于私募股权费用结构的梳理总结，见Eileen Applebaum and Rosemary Batt, *Fees, Fees and More Fees: How Private Equity Abuses its Partners and US Taxpayers* (Washington, D.C.: Center for Economic and Policy Research, May 2016), https://cepr.net/images/stories/reports/private-equity-fees-2016-05.pdf.

4. 33只财年结束于6月30日的州养老基金中，只有6只披露了其私募股权业绩报酬相关信息，具体情况见 Carol Park and Jeff Hooke, "2018 State Pension Fund Investment Report" Maryland Public Policy Institute, April 26, 2018, https://www.mdpolicy.org/research/detail/2018-state-pension-fund-investment-performance-report.

5. Jeff Hooke and Yunya Shen, "Survey of 42 State Pension Funds and Private Equity Performance Fee Disclosure, with the Use of Freedom of Information Act filings (FOIA)" (working paper, 2020), Johns Hopkins University Carey Business School.

6. Jeff Hooke, Ken Yook, and Wenqi Chu, "Top Foundations' 10-Year Plunge Into Alternatives Yields Mixed Results and Higher Fees," *Non-Profit Leadership and Management* 29, no. 3 (September 18, 2018): 449–460, https://onlinelibrary.wiley.com/doi/abs/10.1002/nml.21338.

7. 关于加州公共雇员退休基金不清楚其向私募股权投资管理机构支付的业绩报酬金额的情况，见 Chris Ford and Chris Newlands, "Calpers Private Equity Problems Pile Up," *Financial Times*, July 11, 2015, 12.

8. Susan Carroll and David Honn, "Broken Trust Texas' Huge School Endowment Pays Out Less and Less for School Children," *Houston Chronicle*, March 2, 2019.

9. 尼尔的原话，见Chris Newlands, "Low Tax and High Fees Consume Future Fund," *Financial Times*, July 11, 2015, https://www.ft.com/content/

dbf7f11e−2632−11e5−bd83−71cb60e8f08c.

10. 关于新泽西州在另类资产上支付的相关费用与业绩表现情况，见 State of New Jersey Investment Council, *2019 Annual Report*, https://www.nj.gov/ treasury/doinvest/pdf/AnnualReport/AnnualReportforFiscalYear2019.pdf.

11. #MIGlobal, "Global Private Equity Outlook," Milken Institute, July 9, 2018, YouTube video, 58:32, https://www.youtube.com/watch?v=TpFOPHUhRBg.

12. 关于私募股权投资基金收费中与业绩无关的部分，见 Andrew Metrick and Ayako Kasuda, "The Economics of Private Equity Funds," *Review of Financial Studies* 23 (August 2010): 2303−2341, https://papers.ssrn.com/sol3/ papers.cfm?abstract_id=996334.

13. Blaze Cass, Andrew Gilboard, and John Haggerty, "Private Markets Frees Primer," Meketa Investment Group, October 2019, https://meketa.com/wp−content/ uploads/2012/10/Private−Markets−Fees−Primer−FINAL.pdf.

14. State of Maryland Higher Education Commission, Fiscal 2019 Operating Budget, page 341. https://dbm.maryland.gov/budget/Documents/operbudget/2019/ agency/Maryland−Higher−Education−Commission.pdf.

15. Email exchange with author, September 2020. 另见 Marc Gunther, "Ford Releases Investment Return, More Grant Makers May Be on the Way," Chronicle of Philanthropy, October 2, 2017, https://www.philanthropy.com/article/Ford− Releases−Investment/241353.

16. 关于私募股权投资基金向投资组合公司收费情况的梳理总结，见 Ludovic Phalippou, Christian Rauch, and Marc Umber, "Private Equity Portfolio Company Fees" (working paper 2015−22, Said Business School, University of Oxford, December 15, 2015), https://papers.ssrn.com/sol3/papers.cfm?abstract_ id=2703354.

17. 对私募股权投资基金行业的商业模式及利润率的梳理总结，见

Marc Rowan, Apollo Global Management presentation, September 12, 2011, https://www.apollo.com/~/media/Files/A/Apollo-V2/documents/events/2011/barclays-conference-slides-12-sep-11-final-.pdf.

第七章　私募股权的客户

1. Geraldine Fabrikant, "The Money Management Gospel of Yale's Endowment Guru," *New York Times*, November 5, 2016, https://www.nytimes.com/2016/11/06/business/the-money-management-gospel-of-yales-endowment-guru.html.

大卫·斯文森的详细背景，见"Yale's Financial Wizard, David Swensen, Says Most Endowments Shouldn't Try to be like Yale," Propublica, February 18, 2009, https://www.propublica.org/article/yales-financial-wizard-david-swensen-says-most-endowments-shouldnt-try-to-b.

David Swensen, "Guest Lecture by David Swensen," YaleCourses, April 5, 2019, YouTube video, 1:11:23, https://www.youtube.com/watch?v=AtSlRK0SZoM.

耶鲁大学捐赠基金的投资组合及历史业绩，见 www.investments.yale.edu.

"Investment Return of 5.7 percent brings Yale Endowment value to $30.3 billion," *Yale News*, September 27, 2019, https://news.yale.edu/2019/09/27/investment-return-57-brings-yale-endowment-value-303-billion.

2. 福特基金会在 2000 年及 2018 年的美国联邦税务局年度纳税申报 990 表（IRS Form 990）上披露了其投资主管的薪酬信息，具体情况见 Economic Research Institute website: http://www.erieri.com/form990finder/details?ein=936026156.

3. "Endowment Value Declines 29.5 percent as Investment Return Is

Negative 27.3 percent," *Harvard Magazine*, September 10, 2009, https://harvardmagazine.com/2009/09/sharp-endowment-decline-reported.

4. "The Harvard Endowment: Mark-to-Make-Believe," Charles Skoring, March 21, 2018, available at www.charlesskorina.com/?p=5411.

5. 大学捐赠基金、州养老基金以及基金会的投资收益低于60/40指数。具体情况见以下研究结果。华尔街人士及机构管理人员均未对这些研究结果提出异议：

M. L. Walden, "Active versus Passive Investment Management of State Pension Plans," *Journal of Financial Counseling and Planning* 26, no. 2 (2015): 160-171.

Richard S. Warr, "The Cost Savings Associated with Indexing the North Carolina Pension Fund," unpublished manuscript, 2016.

E. Tower, "Should the Equities in the North Carolina State Employee Pension Fund Be Indexed or Actively Managed?" (working paper No. 210, Economic Research Incentives at Duke (ERID), 2016).

Jeff Hooke and Ken Yook, "The Grand Experiment: The State and Municipal Pension Fund Diversification into Alternative Assets," *Journal of Investing* 27 (supplement; Fall 2018), 21-29, https://joi.pm-research.com/content/27/supplement/21.abstract.

Jeff Hooke, Ken Yook, and Wenqi Chu, "Top Foundations' 10-year Plunge into Alternatives Yields Mixed Results and High Frees," *Non-Profit Leadership Journal* (September 2018).

Pew Foundation, "State Public Pension Funds' Investment Practices and Performance," September 26, 2018.

"An Examination of State Pension Performance, 2000 to 2017," Cliffwater, LCC, September 2018, https://www.psers.pa.gov/About/Investment/Documents/

PPMAIRC%202018/2%20An%20Examination%20of%20State%20Pension%20Performance%202000-2017.pdf.

Julie Segal, "Ivy League Endowments Fail to Beat a Simple 60-40 Portfolio-Again," Institutional Investor, November 29, 2018, https://www.institutionalinvestor.com/article/b1c1c4tq2bjm3c/Not-One-Ivy-League-Endowment-Beat-a-Simple-U-S-60-40-Portfolio-Over-Ten-Years.

"Public Pension Performance, Company Pension Investments to Passive Index Portfolios," Institute for Pension Fund Integrity, August 2019.

Richard Ennis, "Institutional Investment Strategy and Manager Choice: A Critique," *Journal of Portfolio Management, Fund Manager Selection* (July 2020): 104-112.

Dennis Hammond, "58 Years of Endowment Performance," *Journal of Investing* (August 2020): https://joi.pm-research.com/content/early/2020/06/02/joi.2020.1.138.

Richard Ennis, "Endowment Performance and the Demise of the Multi-Asset-Class Model," https://richardmennis.com/blog/endowment-performance.

6. Ennis, "Institutional Investment Strategy and Manager Choice."

7. 关于顶级基金会及州养老基金向私募股权投资基金付费及费用金额的披露情况，见以下两篇论文：Hooke, Yook, and Chu, "Top Foundations' 10-Year Plunge," https://onlinelibrary.wiley.com/doi/abs/10.1002/nml.21338; Hooke and Yook, "The Grand Experiment," 21-29. https://joi.pm-research.com/content/27/supplement/21.abstract.

8. Sissy Cao and Ian Floyd, *Inside the World's Top Institutional Investment Offices* (New York: Trusted Insight, 2017). Interview with author, July 1, 2020.

9. 公立养老金计划的总资产数据，见美国国家退休管理人协会（National Association of State Retirement Fund Administrators）：https://www.

nasra.org/retirementsystemdata.asp.

10. 城市研究所（Urban Institute）公开的州立及市级养老金计划数量：https://www.urban.org/policy-centers/cross-center-initiatives/program-retirement-policy/projects/urban-institute-state-and-local-employee-pension-plan-database.

11. Mark J. Drozdowski, "Should Endowments Influence Your College Decision," Best Colleges (website), September 29, 2020, https://www.bestcolleges.com/blog/university-endowments-college-decision/.

12. Alex Beath, senior analyst, CEM Benchmarking, interview with author, June 26, 2020.

13. Maryland State Retirement and Pension System, *Comprehensive Annual Financial Report 2019*, investment section, https://sra.maryland.gov/sites/main/files/file-attachments/investment.pdf?1585750415.

14. 佛蒙特州（Vermont）的养老金投资季报是该类文件冗长又繁复的一个绝佳例证。年报甚至更加冗长。https://www.vermonttreasurer.gov/sites/treasurer/files/VPIC/PDF/2019/FYE%20Q4%202019%20State%20Employees%20Retirement%20System%20Full%20IPA.pdf.

15. 关于肯塔基州这一诉讼的后续进展，见 Mark Vandevelde and Billy Nauman, "Kentucky Sues Blackstone and KKR over Fund Performance," *Financial Times*, July 22, 2020, https://www.ft.com/content/dcc74348-07a4-4757-a94b-77b9ea5ad23a.

16. "Supreme Court Holds That ERISA Defined-Benefit Pension Plan Participants Do Not Have Article Ⅲ Standing To Sue For Fiduciary Breach," Gibson & Dunn (website), June 1, 2020, https://www.gibsondunn.com/supreme-court-holds-that-erisa-defined-benefit-pension-plan-participants-do-not-have-article-iii-standing-to-sue-for-fiduciary-breach/.

17. 关于顶级基金会及州养老基金给付费用及费用金额披露的简要探讨，见以下两篇论文：Hooke, Yook, and Chu, "Top Foundations' 10-Year Plunge"；Hooke and Yook, "The Grand Experiment," 21-29.

18. Chris Philips quoted in James Stewart, "College Endowments Opt for Alternative and Less Lucrative Route," *New York Times*, February 22, 2018, https://www.nytimes.com/2018/02/22/business/college-endowments.html.

19. Center for Social Philanthropy, Tellus Institute, "Education Endowment and Financial Crisis," May 27, 2010, https://www.tellus.org/pub/Tellusendowmentcrisis.pdf.

20. David Villa, executive director State of Wisconsin Investment Board, speaking at 9th Annual Delivering Alpha Summit, New York City, September 19, 2019, https://www.cnbc.com/video/2019/09/19/heres-where-the-opportunities-are-for-pension-funds.html.

第八章 私募股权从业人员

1. "2018 ABANA Achievement Award Dinner Honoring David Rubenstein," ABANA, October 2018, https://www.abana.co/events/all/2018-abana-achievement-award-dinner-honoring-david-rubenste.

2. David Rubenstein, "Amazon CEO Jeff Bezos on the David Rubenstein Show," September 19, 2018, YouTube video, 48:11, https://www.youtube.com/watch?v=f3NBQcAqyu4.

3. Carlyle Group, confidential marketing document for Carlyle Direct Access Fund, Q1 2019.

4. Peter Whorisky and Dan Keating, "Overdoses, Bedsores, Broken Bones, What Happened When a Private Equity Firm Sought to Care for Society's Most Vulnerable," *Washington Post*, November 25, 2018, https://www.washingtonpost.

com/business/economy/opioid-overdoses-bedsores-and-broken-bones-what-happened-when-a-private-equity-firm-sought-profits-in-caring-for-societys-most-vulnerable/2018/11/25/09089a4a-ed14-11e8-baac-2a674e91502b_story.html.

5. Jarrett Renshaw, "Refiner Goes Belly-Up After Big Payouts to Carlyle Group," Reuters, February 20, 2018, https://www.reuters.com/article/us-usa-biofuels-pes-bankruptcy-insight/refiner-goes-belly-up-after-big-payouts-to-carlyle-group-idUSKCN1G40I1#:~:text=The%20Carlyle%2Dled%20consortium%20collected,thirds%20stake%20in%20the%20refiner.

6. Nathan Vardi, "Carlyle's 1.4 Billion Folly: Inside the Biggest Buyout Loss in Washington D.C. Firm's 33-Year History," *Forbes*, March 4, 2020, https://www.forbes.com/sites/nathanvardi/2020/03/04/carlyle-groups-14-billion-folly-inside-the-biggest-buyout-loss-in-washington-dc-firms-33-year-history/#2cb4722d25b4.

7. "The Carlyle Group Raises $18.5 Billion for U.S. Buyout Fund," Carlyle Group, news release, July 20, 2018, https://www.carlyle.com/media-room/news-release-archive/carlyle-group-raises-185-billion-us-buyout-fund-largest-fund-firm.

8. 关于 Vestar Capital 的管理人员的信息，见 www.vestarcapital.com.

9. John Seitz, president of Foundation Financial Research, interview with author, June 27, 2020.

10. Miriam Gottfried, "Blackstone to Bypass Scramble for Investment-B Talent in Bid to Diversify Hiring," *Wall Street Journal*, June 24, 2020, https://www.wsj.com/articles/blackstone-to-bypass-scramble-for-investment-bank-talent-in-bid-to-diversify-hiring-11592996401.

11. Securities and Exchange Commission, "Risk Alert: Observations from Examinations of Entities Managing Private Funds," June 2020, https://www.sec.gov/files/Private%20Fund%20Risk%20Alert_0.pdf.

第九章　私募股权的赋能者

1. Jean-Pierre Aubrey, assistant director of state and local research, Boston College, Center for Retirement Research, interview with author, July 7, 2020.

2. Chris Tobe, former trustee of Kentucky Retirement Systems, interview with author, July 8, 2020.

3. *The Big Squeeze: How Money Managers Crush State Budgets and Workers Retirement Hopes* (Boston: American Federation of Teachers, 2017), https://www.aft.org/sites/default/files/bigsqueeze_may2017.pdf.

4. 关于 2017 年纳税抵扣规则变化的总结，见：Wolf Richter, "The GOP's New Tax Law Punishes the Riskiest Companies in America," *Business Insider*, December 24, 2017, https://www.businessinsider.com/what-trump-tax-law-means-for-companies-corporate-interest-expense-2017-12.

5. 关于交易及监管费用（transaction and monitoring fees）的介绍，见：Eileen Applebaum and Rosemary Batt, "Fees, Fees and More Fees: How Private Equity Abuses Its Limited Partners and U.S. Taxpayers," Center for Economic and Policy Research, May 2016; and Simon Clark, "Private Equity's 'Hidden' Fees Totaled $20 Billion," *Wall Street Journal*, December, 13, 2015, https://www.wsj.com/articles/private-equitys-hidden-fees-totaled-20-billion-1450051201.

6. Mark Maremant, "Fees Get Leaner on Private Equity," *Wall Street Journal*, December 28, 2014, B1.

7. 美国证券交易委员会的职责介绍见其官网：https://www.sec.gov/about/what-we-do.

8. 以下作品阐述了监管机构难以起诉私募股权的原因：Jesse Eisinger, *The Chickenshit Club: Why the Justice Department Fails to Prosecute Executives* (New York: Simon & Schuster, 2017); John Coffee, "*Corporate Crime and*

Punishment, The Crisis of Underenforcement (San Francisco: Berrett–Koehler, 2020).

9. Paul Kierman and Dave Michaels, "SEC Boss's Exit Makes Way for Rules Push," *Wall Street Journal*, November 17, 2020, A1.

10. 关于罗伯特·史密斯一案的信息，见 https://www.justice.gov/opa/pr/private–equity–ceo–enters–non–prosecution–agreement–international–tax–fraud–scheme–and–agrees; 另一篇关于该案件的长文，见：Peter Whoriskey, Yeganeh Torrati, and Keith Alexander, "A Dodgy Deal Made Him Rich. It Worked Until Now," Washington Post, November 18, 2020, G1.

11. 关于索伦蒂诺偷漏税一案的详细信息，见https://www.usatoday.com/story/entertainment/celebrities/2019/09/11/mike–the–situation–sorrentino–look–into–his–time–behind–bars/2139556001/及 https://www.justice.gov/usao–nj/pr/michael–situation–sorrentino–and–his–brother–marc–sorrentino–sentenced–federal–prison–tax.

12. 杰伊·克莱顿对私募股权和401（k）计划的评论，见 "Clayton Wants Retirement Investors to Have More Access to Private Funds," InvestmentNews, April 9, 2019, https://www.investmentnews.com/clayton–wants–retirement–investors–to–have–more–access–to–private–funds–79000.

另见 "Statement on the Department of Labor's Investment Advice Proposal," Chairman Jay Clayton, June 29, 2020, https://www.sec.gov/news/public–statement/clayton–dol–investment–advice–proposal–2020–6–29.

Edward Siedle, "Trump DOL and SEC Keep Tossing 401–K Investors to the Wolves of Wall Street," *Forbes*, July 5, 2020, https://www.forbes.com/sites/edwardsiedle/2020/07/05/trump–dol–and–sec–keep–tossing–401k–investors–to–the–wolves–of–wall–street/#100d1882bb90.

13. 克莱顿在阿波罗全球管理公司任职的薪酬，见 Noor Zainab Hussain,

Jessica Di Napoli, and Chinuike Oguh, "Apollo Taps Ex–SEC Chief Clayton in Board Overhaul," February 8, 2021, Reuters, https://www.reuters.com/article/us-apollo–global–clayton/apollo–taps–ex–sec–chief–clayton–in–board–overhaul–idUSKBN2AI1HB.

第十章　私募股权的同道人

1. Josh Kosman, "Buffett Is a Two–Time Loser in Texas Energy Bid," *New York Post*, August 21, 2017, https://nypost.com/2017/08/21/buffett–is–a–two–time–loser–in–texas–energy–bid/.

2. Steven Pearlstein, "Senator Warren's Plan for Private Equity Has Good Aims but Misses the Mark," *Washington Post*, July 27, 2019, https://www.washingtonpost.com/business/economy/sen–elizabeth–warrens–plan–for–private–equity–has–good–aims–but–misses–the–mark/2019/07/26/f66d6652–af1b–11e9–8e77–03b30bc29f64_story.html.

3. Dean Starkman, *The Watchdog That Didn't Bark: The Financial Crisis and the Disappearance of Investigative Journalism* (New York: Columbia University Press, 2015).

4. "Private Equity Booming Due to Its Resilience, Strong Performance: Triago Founder," CNBC Television, November 13, 2019, YouTube video, 4:06, https://www.youtube.com/watch?v=UAz7U09KHGw.

5. Robinson Meyer, "U.S. Court: Bloggers are Journalists," *Atlantic*, January 21, 2014, https://www.theatlantic.com/technology/archive/2014/01/us–court–bloggers–are–journalists/283225/.

6. The Howard Jones quote is in Andrew Ross Sorkin, "Pension Funds Fees are Wasting Money on Consultants," CNBC, October 1, 2013, https://www.cnbc.

com/2013/10/01/study-pension-funds-are-wasting-money-on-consultants.html.

7. Callan Institute, "2020 Capital Market Assumptions," January 2021, by authors Jay Kloepfer, Adam Lozinski, and Kevin Machiz https://www.callan.com/uploads/2021/01/f70a4ed4a43ef1c9e5babf544d79e0ea/2021-capital-market-assumptions-webinar-final.pdf.

8. Amy Whyte, "Allocators Need Them, Asset Managers Resent Them, and Everyone is Afraid of Them," *Institutional Investor*, March 4, 2019, https://www.institutionalinvestor.com/article/b1dd82391ds6sz/Allocators-Need-Them-Asset-Managers-Resent-Them-And-Everyone-Is-Afraid-of-Them.

9. Wharton Private Equity and Venture Capital Conference, 2021, accessed March 1, 2021, https://whartonpevcconference.org/.

10. 指出私募股权投资基金在 20 世纪 90 年代后期和 21 世纪初期收益较高的重要学术研究的作者均来自知名大学，如芝加哥大学、麻省理工学院、弗吉尼亚大学、杜克大学、伦敦商学院以及牛津大学。具体见以下文献。

Steven N. Kaplan and Antoinette Schoar, "Private Equity Performance: Returns, Persistence, and Capital Flows," *Journal of Finance* 60, no. 4 (August 2005): 1791–1823, https://onlinelibrary.wiley.com/doi/full/10.1111/j.1540-6261.2005.00780.x.

Chris Higson and Rüdiger Stucke, "The Performance of Private Equity," London Business School Collier Institute on Private Equity research paper, https://papers.ssrn.com/sol3/papers.cfm?abstract_id=2009067.

Robert S. Harris, Tim Jenkinson, and Steven N. Kaplan, "Private Equity Performance: What do We Know?" Journal of Finance 69, no. 5 (October 2014) : 1851–82, https://onlinelibrary.wiley.com/doi/abs/10.1111/jofi.12154.

Steven N. Kaplan and Berk A. Sensoy. 2015. "Private Equity Performance: A

Survey." *Annual Review of Financial Economics* 7 (2015): 597–614.

11. Martin Krikorian, "How to Protect Yourself from Another Bernie Madoff," *Lowell Sun*, December 15, 2019, https://www.lowellsun.com/2019/12/15/how–to–protect–yourself–from–another–bernie–madoff/.

12. Donal Mastralangelo quoted in "Lower Fee Private Equity Feeders Aim for Advisor Market, Mercury Capital Advisors, November 30, 2017, https://mercurycapitaladvisors.com/lower–fee–private–equity–feeders–aim–for–advisor–market/.

第十一章　结语

1. Erik Schatzker, "Calpers CIO Seeks More Private Equity Leverage to Boost Returns," Bloomberg, June 15, 2020, https://www.bloomberg.com/news/articles/2020–06–15/calpers–cio–eyes–more–private–equity–leverage–to–boost–returns.

2. Bryan Burrough, "RJR Nabisco, An Epilogue," *New York Times*, March12, 1999, https://www.nytimes.com/1999/03/12/opinion/rjr–nabisco–an–epilogue.html.

3. George Baker and George David Smith, *Kohlberg, Kravis and Roberts and the Creation of Corporate Value* (Cambridge: Cambridge University Press, 1998), 206.

4. 见 *The Count of Monte Cristo*, directed by David Greene (London: ITC Entertainment, 1975).

5. 见 *Ben Hur*, directed by William Wyler (Beverly Hills, Metro–Goldwyn–Mayer, 1959).

6. Quotes from William Jennings Bryan, "Cross of Gold" speech, History Matters, July 9, 1896, http://historymatters.gmu.edu/d/5354/.